German AS

Zeitgeist 1 für OCR

Teacher's Book

Kirsty Thathapudi
Ann Adler
Maria Hunt
Morag McCrorie
Dagmar Sauer
Marian Jones
Deborah Manning

OXFORD
UNIVERSITY PRESS

Great Clarendon Street, Oxford OX2 6DP

Oxford University Press is a department of the University of Oxford.
It furthers the University's objective of excellence in research, scholarship, and education by publishing worldwide in

Oxford   New York

Auckland Cape Town Dar es Salaam Hong Kong Karachi
Kuala Lumpur Madrid Melbourne Mexico City Nairobi
New Delhi Shanghai Taipei Toronto

With offices in

Argentina Austria Brazil Chile Czech Republic France
Greece Guatemala Hungary Italy Japan South Korea
Poland Portugal Singapore Switzerland Thailand Turkey
Ukraine Vietnam

Oxford is a registered trade mark of Oxford University Press in the UK and in certain other countries

© Kirsty Thathapudi, Ann Adler, Maria Hunt, Morag McCrorie, Dagmar Sauer 2008

The moral rights of the author have been asserted

Database right Oxford University Press (maker)

First published 2008

All rights reserved. No part of this publication may be reproduced, stored in a retrieval system, or transmitted, in any form or by any means, without the prior permission in writing of Oxford University Press, or as expressly permitted by law, or under terms agreed with the appropriate reprographics rights organization. Enquiries concerning reproduction outside the scope of the above should be sent to the Rights Department, Oxford University Press, at the address above.

You must not circulate this book in any other binding or cover and you must impose this same condition on any acquirer

British Library Cataloguing in Publication Data

Data available

ISBN 978 019 915353 4

10 9 8 7 6 5 4 3 2 1

Typeset by Thomson

Printed in Great Britain by Bell & Bain, Glasgow

Acknowledgements

The author and publisher would like to thank Kirsty Thathapudi (editor), Deborah Manning (editor), Melissa Weir (project manager) and Marion Dill (language consultant).

Contents

Summary of unit contents	4
Specification match grids	
OCR	6
Introduction	7
The course	7
The components of **Zeitgeist 1 für OCR**	7
Features of a **Zeitgeist** unit	8
Zeitgeist and the new AS and A2 specifications	9
Key skills	9
Information and communications technology	10
Testen Sie Ihr Wissen — diagnostic tests	13
Sample lesson plan	15
Testen Sie Ihr Wissen — answers	16
Teaching notes for Zeitgeist 1 für OCR:	
Orientierung	18
Einheit 1	26
Einheit 2	35
Wiederholung Einheit 1–2	43
Einheit 3	45
Einheit 4	52
Wiederholung Einheit 3–4	58
Einheit 5	60
Einheit 6	69
Wiederholung Einheit 5–6	77
Einheit 7	80
Einheit 8	87
Wiederholung Einheit 7–8	95
Einheit 9	98
Wiederholung Einheit 9	105
Alles wiederholen!	108

Symbols used in this Teacher's Book:

 Listening material available on CD

S Self-study CD

 Copymaster activities

 Additional extension activities

Summary of unit contents

Unit	Subject content	Grammar	Skills
Orientierung	Aspects of German history (p.6) Information on German-speaking countries, towns and regions (pp.8, 10, 12) Famous German-speaking people (p.14)	Present tense (p.8) Word order (p.11) Gender and plurals (p.13) Asking questions (p.15)	Using a bilingual dictionary (p.13) Learning and recording vocabulary (p.17) Organising your work (p.17)
Einheit 1 **Freundschaft und Familie** Family and relationships	Different family types (p.18) Relationships with family members (p.20) Friendships and conflicts (p.22) Marriage and partnerships (p.24) Families of the future (p.26)	Possessives (p.21) Adjectives (p.23) Negatives (p.25)	Reading for gist (p.21) Taking notes while listening (p.27)
Einheit 2 **Gesundheit** Health and addictions	Alcohol and smoking (p.32) Drugs (p.34) Diet and eating disorders (p.36) Health issues: skin cancer, AIDS (p.38)	Future tense (p.35) Adverbs (p.37) Prepositions (p.39)	Extending your vocabulary (p.31) Structuring a debate (p.33) Pronunciation: vowels with umlauts (p.41)
Wiederholung Einheit 1–2	Revision of Units 1–2 (p.42)		
Einheit 3 **Zu viel Information?** Media	TV viewing habits (pp.44, 46) The influence of TV and issues such as violence (p.48) Advertising (p.50) The written press and freedom of the press (p.52)	The cases (p.47) Demonstrative adjectives and pronouns (p.51) The passive voice (p.53)	Using statistics (p.45) Expressing opinions (p.49) Pronunciation: *b*, *d* and *g* (p.55)
Einheit 4 **Die Welt der Kommunikation** Communication	Various methods of communication (p.56) Mobile phones and their uses (p.58) The role of the internet (p.60) Pros, cons and dangers of the internet (p.62) Old v. new media (p.64)	*seit* (p.59) Perfect tense (p.61) Modal verbs (p.63) Separable and inseparable verbs (p.65)	Reading for gist (p.59) Checking and correcting your written work (p.63) Pronunciation: *ig*, *ich* and *isch* (p.67)
Wiederholung Einheit 3–4	Revision of Units 3–4 (p.68)		
Einheit 5 **Freizeit** Leisure and entertainment	Leisure activities (pp.70, 72) Cinema (p.74) Music (p.76) Aspects of German culture (p.78)	Subordinating conjunctions (p.73) Relative pronouns (p.77) Indefinite pronouns (p.79)	Dealing with longer texts (p.75) Improving writing skills (p.77) Pronunciation: *s*, *ß*, *st*, *sp* (p.81)
Einheit 6 **Das Alltägliche** Daily life and responsibilities	Student housing issues (p.84) Aspects of shopping (p.86) Transport issues (p.88) Patterns of living (p.90) Military service and alternative choices (p.90)	Adverbs (p.85) Imperfect tense (p.87) Comparative and superlative (p.89)	Synonyms and antonyms (p.89) Speaking from notes (p.91) Pronunciation: *ei*, *ie* (p.93)

Unit	Subject content	Grammar	Skills
Wiederholung Einheit 5–6	Revision of Units 5–6 (p.94)		
Einheit 7 Sport Healthy living and sport	Sporting trends (pp.96, 98) Sport and mental and physical well-being (p.100) Healthy lifestyle and keeping fit (p.102) Commercialisation of sport, doping and role-models (p.104)	Imperative (p.101) Impersonal expressions (p.103)	Answering questions in German (p.99) Adapting a text (p.105) Pronunciation: long and short vowel sounds (p.107)
Einheit 8 Tourismus Holidays, tourism, the environment	Types of holiday and activities (p.108) Attitudes to and pros/cons of holidays (p.110) Impact of tourism on the economy and the environment (p.112) Transport and pollution (p.114) Climate change and the environment (p.116)	Conditional tense (p.111) Recognise the subjunctive (p.113) Recognise the conditional perfect (p.115) Genitive (p.117)	Improving your listening skills (p.109) Answering a structured question (p.113) Structuring an oral presentation (p.115) Pronunciation: z and zw (p.119)
Wiederholung Einheit 7–8	Revision of Units 7–8 (p.120)		
Einheit 9 Schule und Ausbildung Education and work	The German school system (p.122) Life after school and student issues (p.124) Career choices, job opportunities and unemployment (p.126) Equal opportunities (p.128) Changing work scene (p.130)	Pluperfect tense (p.127) Conditional clauses (p.129) Adjectival and weak nouns (p.131)	Using different registers when speaking (p.125) Using a monolingual dictionary (p.133)
Wiederholung Einheit 9	Revision of Unit 9 (p.134)		
Alles wiederholen!	Revision of the four key skills, grammar and skills for the whole book (p.136)		
Grammar	Grammar reference section (p.146)		

Zeitgeist für OCR specification match

Year	OCR Topics	Zeitgeist Units
AS	**Aspects of daily life** The family: Different structures and relationships	Z1 Unit 1
	Living conditions (housing, shopping and patterns of daily life.)	Z1 Unit 6
	Food, drink, health, obsessions and additions.	Z1 Unit 2
	Transport: trends and patterns in usage (for the individual and at local and national levels.)	Z1 Unit 6
	Leisure and entertainment Sport (including national sporting concerns and traditions)	Z1 Unit 7
	Tourism and related themes, tourism as a changing phenomenon Tourism and the environment	Z1 Unit 8
	Leisure activities: aspects of cultural life, eg film, theatre, the arts, as part of leisure time.	Z1 Unit 5
	Communication and media Communication and technology: patterns and changes to communication in daily life.	Z1 Unit 4
	Media eg: written press, radio, television (roles and influences)	Z1 Unit 3
	Education and training School and school life: individual experiences, local and national influences.	Z1 Unit 9
	Work and training: individual experiences, school to work preparation, transition and aspirations	Z1 Unit 9

Introduction

The course
Welcome to **Zeitgeist 1 für OCR**!

Zeitgeist 1 für OCR is the first stage of a two-part German course written to match the new AS and A2 specifications for OCR. It has been written by a team of experienced authors and practising teachers and is suitable for a wide range of learners.

Rationale
The aims of **Zeitgeist 1 für OCR** are:
- to provide thorough coverage of the AS specifications for OCR and prepare students for the AS examinations
- to provide material suitable for AS students of all abilities to ease the transition from GCSE to AS level
- to provide comprehensive grammatical coverage and practice of the QCA-defined grammatical content
- to help students develop specific learning strategies, for example dictionary skills, independent study, vocabulary learning and pronunciation techniques
- to enable students to take control of their own learning by means of learning strategies, reference and revision sections, study skills and opportunities for independent study
- to encourage success by providing clear objectives and by practising language via activities with a clear purpose

The components of Zeitgeist 1

Students' Book
The Students' Book is the complete handbook for advanced level studies, providing a comprehensive and integrated programme of teaching, practice, revision and reference for students. This 176-page book contains the following sections:

Orientierung
This initial unit bridges the gap between GCSE and AS level by providing revision of key language and grammar and focusing on topics that should be familiar to students from their previous learning. It also introduces students to the layout of the Students' Book and the types of activity they will encounter in **Zeitgeist für OCR.**

Einheiten 1–9
There are nine units on different topics. Each unit has been planned to be interesting and motivating, as well as to develop relevant strategies and skills for independent study and preparation for examinations. An outline of the content of each unit is given on Teacher's Book pages 4–5.

Wiederholung
After every two units, there are two pages with a range of revision activities, aimed at providing further practice and consolidation of the language of the preceding units. Some of the activities are suitable for use in class whereas others are more suitable for homework. In addition to these two-page sections, there are twelve assessment copymasters.

Alles wiederholen!
This section on pages 136–145 provides practice material drawn from the whole of **Zeitgeist 1 für OCR**, including revision of key grammar points and skills. The listening, speaking, reading and writing activities on pages 136–140 can be used as practice examination material.

Grammatik
This detailed reference section complements the grammar explanations given within the body of the Students' Book. All explanations are in English so that students are able to use this section independently.

Introduction

Vokabular
This German–English glossary contains many of the words from the Students' Book.

Teacher's Book
Detailed teaching notes for each unit are provided. These notes include:
- suggestions for using the material in the Students' Book, including the revision pages
- answers to most activities, including possible answers where appropriate as well as the correct answers for true/false activities
- transcripts for all recorded material
- notes on when to use the copymasters within each unit
- diagnostic tests
- a sample scheme of work

Copymasters
There are copymasters for every unit on the Resource & Assessment CD-Roms to give further practice on learning skills, grammar, listening, reading, speaking and writing.

Grammar Workbook
This 96-page Workbook contains thorough revision and practice of grammar covered in the Students' Book, with an answer booklet for self-marking if appropriate.

CDs
The CDs provide the listening material to accompany the Students' Book, copymasters and assessment material. The scripted material was recorded by native German speakers. All CDs may be copied within the purchasing institution for use by teachers and students. The **Zeitgeist für OCR Solo** CD is ideal for self-study and it is advisable for students to have an individual copy of this CD to practise independent listening.

CD contents
CD 1:   Orientierung – Einheit 3
CD 2:   Einheit 4 – Einheit 7
CD 3:   Einheit 8 – Alles wiederholen!

Features of a Zeitgeist unit

Unit objectives
Each unit begins with a list of topics with page references to their place in the unit. There are also objectives in English that provide clear information to students about what they will learn in the unit, including grammar and skills. The first two pages of each unit contain a visual stimulus and some activities to introduce the theme of the unit.

Core spreads
Each of the four core spreads begins with one or two questions to pinpoint what students will learn. Activities in all four skills are included on each spread, leading to a productive spoken and written task at the end of the spread.

Hilfe
These boxes provide key phrases for students to use in their written and spoken outcome tasks.

Grammatik
Most spreads feature a *Grammatik* section, focusing on a key grammar point. The explanations and instructions in these sections are in English, enabling students to use them independently. Activities are provided (lettered A, B, C, etc.) to reinforce each grammar point, and examples are included in texts on the spread so that students have an opportunity to see the grammar point in practice.

Tipp
These sections provide practical skills advice and language-learning tips in English, with activities (lettered A, B, C, etc.) enabling students to put the advice into practice. They are ideal for self-study and are intended to improve aspects of students' performance and help them develop as independent learners.

Extra!
These are additional activities, often provided on a copymaster, to extend what students have learnt on the spread.

Grammatik aktuell
This page (on the final spread of each unit) provides additional activities to reinforce or extend key grammar points from the unit.

Zur Auswahl
At the end of each unit there is a page of self-study activities to reinforce the language, skills and grammar that students have learnt in the unit. The listening activities are recorded on the *Solo* CD.

Wiederholungen and *Alles wiederholen!*
These sections provide revision practice with exam-style questions to help students prepare for their AS examination.

Zeitgeist and the new AS and A2 specifications

Zeitgeist für OCR is a structured two-part course intended for use over two years' study and has been written to follow the revised AS/A2 specifications for OCR. There are nine units in **Zeitgeist 1 für OCR**, written to match the content of the revised AS specifications (for first teaching from 2008). The style and content of the activities would also be appropriate for use with other exam specifications.

Grammar

Zeitgeist 1 für OCR provides complete coverage of the QCA-defined grammar content. The deductive approach on the Students' Book pages and the extensive practice provided in the Grammar Workbook ensure that students are able to master all aspects of language structure required at this level.

Assessment

The assessment material in **Zeitgeist 1 für OCR** has been written to match the style of the OCR examination board. Practice in tackling exam-style questions is provided on the Resource and Assessment CD-ROMs.

Key skills

The table below provides an overview of key skills coverage in **Zeitgeist 1 für OCR**. It shows where there are opportunities to develop and/or assess some or all of the criteria for each key skill at level 3.

The following notes provide examples of how each key skill may be developed or assessed through the activities in **Zeitgeist 1 für OCR**:

Communication

Teachers should note that, although the study of a modern foreign language helps students to develop their communication skills, *the evidence for this Key Skill must be presented in English, Irish or Welsh.*

Zeitgeist 1 für OCR offers opportunities for practising and developing communication skills rather than for generating assessed evidence.

For this key skill, students need to:

1a Take part in a group discussion
All **Zeitgeist 1 für OCR** units provide opportunities for students to discuss topics in pairs, small groups or as whole-class activity.

1b Make a formal presentation of at least eight minutes
Many of the topics covered in the coursebook provide a suitable basis for a presentation. See also the *Tipp* section in Unit 4, which provides specific guidance on speaking from notes. Students should be encouraged to support their presentations using visuals (e.g. OHP transparencies, photographs, brochures, etc.), PowerPoint, audio clips and other appropriate material.

2 Read and synthesise information from at least two documents about the same subject
Zeitgeist 1 für OCR provides reading material on a wide range of topics, with activities designed to help students identify main points and summarise information. Students are also encouraged to undertake wider reading when researching information for productive spoken and written work. Their wider reading might include newspapers, magazines, books, publicity material, and Internet sources.

3 Write two different types of document
Opportunities exist throughout **Zeitgeist 1 für OCR** for students to attempt extended writing in a variety of styles, e.g. reports, essays and creative material on a wide range of themes, a film review, a biography, publicity material, informal and formal letters, etc.

Application of number

Although it may not be within the scope of a modern foreign language course to generate sufficient evidence to assess this key skill, **Zeitgeist 1 für OCR** does provide opportunities for students to develop their ability to work with numbers. Numbers feature in most units.

		Zeitgeist 1 units									
		Orientierung	1	2	3	4	5	6	7	8	9
Main key skills	Communication	✓	✓	✓	✓	✓	✓	✓	✓	✓	✓
	Application of number		✓		✓	✓	✓		✓		
	ICT	✓		✓			✓		✓	✓	
Wider key skills	Working with others	✓	✓	✓	✓	✓	✓	✓	✓	✓	✓
	Improving own learning and performance	✓	✓	✓	✓	✓	✓	✓	✓	✓	✓
	Problem solving	✓	✓	✓	✓	✓	✓	✓	✓	✓	✓

The table indicates only those units where students are involved in interpreting or commenting on statistics.

Information and communication technology

Students need to be able to:
1 search for and select information
2 enter and develop the information, and derive new information
3 present combined information such as text with image, text with number, image with number

Many **Zeitgeist 1 für OCR** units provide opportunities for students to develop aspects of this key skill. Criteria 1–3 (listed above) can be combined in a single extended piece of work in activities such as the following:

- *Orientierung*, page 9, activity 4: Students research a German-speaking country using the Internet, then present the information to the class.
- Unit 5, page 77, activity 4: Students use the Internet to find out about a musician or singer of their choice. They then present the information to the class, for which they could use visual stimuli, produced using desktop publishing.
- Unit 8, page 109, activities 3 and 4. Students research English and German holiday trends and compare the results. They then write an article about their own favourite holiday destination which they could do using a word-processing package.

Working with others

All **Zeitgeist 1 für OCR** units provide opportunities for students to work together, either in a one-to-one situation or as part of a group. These opportunities may take the form of interviews, discussions, debates and surveys, or they may involve students in a more creative activity such as producing an advertisement or a PowerPoint presentation, or inventing a role-play.

The following example shows how a group task can be developed and expanded in order to become a suitable means of assessing this key skill:

Unit 2, page 33, activity 5: Students work in groups to conduct a debate on the concept of a smoking ban:
1 They begin by dividing into two groups and preparing arguments for and against a smoking ban.
2 Once they have prepared their arguments, they conduct the debate, using the *Hilfe* phrases and the guidance provided in the *Tipp*. The *Tipp* will aid them in structuring their debate and provides suggestions for preparing their arguments.
3 After completion of the task, students can review their work, sharing constructive feedback and agreeing on ways to improve collaborative work in future.

Improving own learning and performance

Students are required to:
1 set targets and plan how these will be met
2 take responsibility for own learning and use plans to help meet targets and improve performance
3 review progress and establish evidence of achievements

All **Zeitgeist 1 für OCR** units provide opportunities to meet these criteria through:

- **Clear objectives and means of reviewing progress**
  Each unit begins with a list of objectives, providing clear information to students about what they will learn in the unit, including grammar and skills. Students should also be encouraged to set their own personal targets relating to aspects of their performance that they want to improve, with an action plan showing how they intend to achieve the targets and how they will assess their progress. The *Wiederholung* sections provide students with a means of reviewing their progress.
- **Strategies for improving performance**
  All **Zeitgeist 1 für OCR** units include *Tipp* sections, which suggest strategies and activities to help students develop as independent learners and improve aspects of their own performance. Strategies range from specific listening, speaking, reading and writing advice to tips on using dictionaries effectively and suggestions on recording and learning new language.

Problem solving

Although a modern foreign language course may not generate sufficient evidence to assess this key skill, it does provide opportunities to practise and develop problem-solving skills. For example, if students are encouraged to 'work out' new language for themselves and take responsibility for their own learning instead of relying on teacher support, they develop problem-solving skills.

All **Zeitgeist 1 für OCR** units provide opportunities for students to do this. In particular, the *Tipp* sections encourage students to become more independent in their language learning.

Information and communications technology

These notes provide a few examples of ways to use ICT with **Zeitgeist für OCR**. For more detailed information and practical help and ideas on the use of ICT in the modern foreign languages classroom, you may find the following helpful:

- Becta (British Educational Communications and Technology Agency): www.becta.org.uk
- CILT (The National Centre for Languages): www.cilt.org.uk
- Languages ICT: www.languages-ict.org.uk

Internet

Note on Internet safety: Before using the Internet with students, whether for online communication, the creation of web pages and blogs, or for research purposes, it is vital to be aware of safety issues. Guidance on this can be obtained from Becta (see website above).

Online communication

If your school has links with a partner school in a German-speaking country, the Internet offers a range of ways in which your students can communicate with their German counterparts, e.g. email, instant messaging, chat rooms, noticeboards and forums, audio- and video-conferencing, web pages and blogs. These enable the exchange of a wide range of information. They are extremely useful for motivating students, encouraging spontaneous communication and generating a source of additional teaching and learning material.

Internet research

The Internet can be a valuable research tool, giving both teachers and students easy access to authentic reading materials and cultural information about German-speaking countries. Opportunities for students to research on the Internet occur throughout **Zeitgeist für OCR**. Themes include:

- *Orientierung*, page 11 activity 4: Students use the Internet to find out more information about the cultural events discussed in the unit.
- Unit 2, page 33, activity 7: alcohol and smoking
- Unit 5, page 77, activity 4: musicians/singers
- Unit 7, page 105, activity 3: sports personalities
- Unit 8, page 109, activity 3: holiday trends.

Word-processing and text manipulation

Word-processing software allows text to be presented in a variety of forms that can be easily edited and manipulated. This makes it easier for students to experiment with language and to draft and redraft their work. Any written task can be completed on the computer, e.g.

- Unit 1, page 23, activity 5: Students write a problem letter to a magazine.
- Unit 2, page 37, activity 4: Students write an opinion piece.
- Unit 5, page 77, activity 5: Students write a biography of a famous musician.
- Unit 7, page 97, activity 4: Students write a magazine article about their partner's lifestyle.
- Unit 8, page 109, activity 4: Students write an article about their favourite holiday destination.
- Unit 9, page 123, activity 6: Students write a letter to a friend in Austria.

Desktop publishing

Desktop publishing software enables students to design sophisticated documents involving complex layout of text, clip art, digital photos and scanned images, e.g. brochures, posters and articles. Opportunities for students to use desktop publishing in **Zeitgeist für OCR** include:

- Unit 2, page 31, activity 1e: Students collect together the short reports they have written on the topic of health and put together a page for a newspaper.
- Unit 4, page 86, *Zur Auswahl* activity 3: Produce a brochure about safe internet use.
- Unit 7, page 101, *Grammatik* activity C: Produce a leaflet informing teenagers about the importance of sport and health
- Unit 8, page 119, *Zur Auswahl* activity 2b: Produce a brochure for an eco-campsite.

Databases and spreadsheets

Data-processing software allows text- and number-based information gathered by students to be entered into a database then sorted and analysed in different ways; spreadsheet software is more suitable for dealing with number-based data.

Opportunities to use these in **Zeitgeist für OCR** include:

- Unit 3, page 45: After doing the survey on the class's media habits (activity 3a), students could compile a database and table of the results, then discuss the figures with reference to the *Tipp* section on 'Using statistics'.

- Unit 8, page 111: Students could feed the results of the survey about holiday preferences into a database and use them to generate further language work.

Presentation software

Presentation software (e.g. PowerPoint) allows students to create multimedia 'slides'. These can be displayed to the whole class via a data projector and wall screen or interactive whiteboard. Themes for oral presentations in **Zeitgeist für OCR** include:

- *Orientierung*, page 9, activity 4: Information about German-speaking countries.
- Unit 5, page 77, activity 4: famous musicians.
- Unit 6, page 91, activity 5b: advantages and disadvantages of *Wehrdienst* and *Zivildienst*.
- Unit 9, page 125, activity 6: student fees.

Testen Sir Ihr Wissen

Name
_____

A Write your answers on this sheet.

1 Freizeit und Urlaub *Test of cases and plurals*
Fill the gaps. Choose from forms of *der/die/das* or *ein/eine/ein* or change the nouns as required.

- **a** Wir haben für dieses Jahr _____ Urlaub in der Schweiz geplant.
- **b** Nächsten Sommer haben wir vor, _____ Segelkurs in Südbayern zu machen.
- **c** Nehmt ihr _____ Zug oder _____ Reisebus, wenn ihr nach Österreich fahrt?
- **d** Er hat seine Klassenkamerad _____ zur Grillparty am Samstag eingeladen.
- **e** Im Schullandheim nehmen auch die Lehrer _____ an sportlichen Aktivitäten teil.
- **f** Nach eurer Rückkehr sollt ihr alle Dankesbrief _____ an _____ Austauschpartner schreiben.
- **g** Zum Camping nehmen wir Zelt _____ , Luftmatratze _____ und Schlafsack _____ mit.
- **h** Das Verkehrsamt hat _____ englischen Gast _____ _____ Unterkunft wärmstens empfohlen.
- **i** Der Preis _____ Hotelzimmer _____ ist für viele Studenten einfach zu teuer. (16)

2 Mein Haus und mein Zimmer *Test of prepositions and cases*
Select the appropriate gender and case for the nouns. Choose from *der/die/das, ein/eine/ein, mein/meine/mein*, etc.

- **a** Wir wohnen in _____ kleinen, aber gemütlichen Einfamilienhaus an _____ Stadtrand.
- **b** Die Lage ist ziemlich ruhig, denn das Haus liegt in _____ Sackgasse in der Nähe von _____ kleinen Wald.
- **c** Die Eingangstür ist direkt neben _____ Garage.
- **d** Mein Zimmer ist das kleinste. Es liegt in _____ zweiten Stock, zwischen _____ Dusche und _____ Toilette.
- **e** Als wir eingezogen sind, wollte ich meinen Schreibtisch unter _____ Fenster stellen, damit mein Arbeitsplatz hell und freundlich wird.
- **f** Aber das ging nicht, weil der Heizkörper schon unter _____ Fenster war. (10)

3 Die Umwelt *Test on infinitive construction*
Link the two halves of the sentences by filling in the grid below.

- **a** Ich nehme immer Stofftaschen mit
- **b** Aus dem Badezimmer sollte man
- **c** In der Stadt darf man
- **d** Die Regierung hat begonnen
- **e** In deutschen Supermärkten kann man
- **f** Man könnte im Garten
- **g** Bleifreies Benzin müsste
- **h** Der Bürgermeister hofft,
- **i** Wir haben beschlossen,
- **j** Man empfiehlt, kleinere Einkäufe

1. mit dem Fahrrad zu machen.
2. eine Tonne für das Regenwasser aufstellen.
3. das schönste Dorf der Gegend zu haben.
4. Altpapier zum Container zu bringen.
5. die Autosteuern zu erhöhen.
6. wirklich nicht seinen Abfall auf den Boden werfen.
7. alle Sprays mit FCKW verbannen.
8. um einzukaufen.
9. weniger kosten.
10. nur noch Glasflaschen kaufen.

a	b	c	d	e	f	g	h	i	j

(10)

4 Klamotten und noch mehr Zeitvertreib *Test on adjective endings*
Select the correct adjective from the selection given.

- **a** Ich habe mir heute ein (schick/schickes/schicke) Sweatshirt und eine (schwarz/schwarze/schwarzes) Hose gekauft.
- **b** Diese (braune/braunen/braun) Stiefel da finde ich besonders (altmodische/altmodischer/altmodisch).
- **c** Die (letzte/letzt/letztes) CD von Britney Spears ist aber (totlangweilige/totlangweilig).
- **d** Mit so einem (kurzer/kurz/kurzen) Rock lassen mich meine (konservativen/konservativ) Eltern nicht aus dem Haus.
- **e** Sein (neu/neue/neues) Handy war unheimlich (teure/teurer/teuer).
- **f** Ein (weiß/weißes/weißen) T-Shirt auf seiner (dunkel/dunkler/dunklen) Haut, das sieht (fabelhafter/fabelhaft) aus. (13)

13

Testen Sir Ihr Wissen

Name
_____

B Do the following exercises on a separate sheet of paper.

1 Die Geburtstagsparty *Test on the perfect tense*
Re-write the following present tense sentences in the perfect tense.

a Mein Freund und ich haben beide im Juli Geburtstag.

b Zuerst machen wir gemeinsam eine Gästeliste.

c Wir schreiben die Einladungen und schicken sie ab.

d Wir suchen Rezepte für Salate in einem Kochbuch und stellen eine Einkaufsliste zusammen.

e Dann fahren wir mit dem Wagen meiner Mutter in die Stadt und gehen in den Supermarkt.

f Nach dem Einkauf beginnen wir mit den Vorbereitungen.

g Mein Freund dekoriert das Haus mit Luftballons, Postern und Girlanden.

h Ich bereite das Essen zu und mein älterer Bruder bestellt Pizzas vom Italiener an der Ecke.

i Die Gäste kommen mehr oder minder pünktlich und wir essen, trinken und tanzen.

j Unsere Freunde bringen uns viele nette Geschenke mit und wir packen sie natürlich gleich aus.

k Die Stimmung ist echt klasse und wir amüsieren uns bestens. (20)

2 Schule und danach *Test on word order*
Re-write the following sentences by incorporating the information in brackets.

a Meine Schule dauert von halb neun bis half vier. (jeden Tag)

b Die Schüler machen Prüfungen in bis zu zehn Fächern. (im Alter von 16 Jahren)

c Vor dem Unterricht findet die Versammlung statt. (jeden Morgen/in der Aula)

d Die Jungen spielen natürlich am liebsten Fußball. (im Schulhof/in der Pause/mit ihren Freunden)

e Die Mädchen unterhalten sich. (mit ihren Freundinnen/in der Kantine/während dieser Zeit)

f Die älteren Schüler brauchen keine Uniform mehr zu tragen. (in der Oberstufe)

g Man muss sich einen Studienplatz suchen. (an einer Universität/nach dem Abitur)

h Man sollte seine Ferien dazu benutzen, ein Betriebspraktikum zu machen. (während der Oberstufe/bei einer bekannnten Firma)

i Seine Sprachkenntnisse kann man bestimmt verbessern. (im Ausland/während der Sommerferien)

j Man sollte seine Noten besprechen. (mit den Lehrern/nach den Klassenarbeiten)

k Man muss selbständiger arbeiten als in der Schule. (auf der Uni) (20)

3 Probleme für Jugendliche *Test on conjunctions and subordinate clauses*
Join the two sentences with the conjunction in brackets and adjust the word order as necessary.

a Ich würde nicht rauchen. Es schadet der Gesundheit. (weil)

b Viele Jugendliche fahren schwarz. Sie haben genug Geld für eine Fahrkarte. (obwohl)

c Sie gehen auf Partys. Sie trinken oft zu viel Alkohol. (wenn)

d Sie haben den Führerschein gemacht. Sie möchten unbedingt ihr eigenes Auto. (nachdem)

e Sie sind in der Oberstufe. Sie haben oft nicht genügend Geld zum Ausgehen. (während)

f Sie nehmen eine Teilzeitarbeit an. Sie sind von ihren Eltern finanziell unabhängig. (damit)

g Sie arbeiten zu viele Stunden in einem Geschäft. Sie können ihre Schularbeit nicht richtig erledigen. (deshalb)

h Er ist betrunken nach Hause gekommen. Seine Eltern waren sehr böse. (als)

i Er hat etwas über das Juniorenticket gewisst. Er wollte per Anhalter durch Europa fahren. (bevor)

j Er hat mit 16 mit dem Rauchen begonnen. Jetzt ist er nikotinabhängig. (da) (10)

4 So viele Gedanken! *Test on some idiomatic phrases*
Translate the following sentences into German.

a We are looking forward to our visit.

b He is feeling much better now.

c We cannot remember the vocabulary from year 11.

d I am really pleased with my results.

e I like the new German course book. (5)

Lesson Plan

Date :	Teacher :	Class :

Objectives	Resources

Objectives for Students	Notes/Reminders

Starter:

Teaching sequence:

Differentiation/Extension:

Plenary:

Homework:

Testen Sir Ihr Wissen

Depending on your groups for AS, *Arbeitsblätter* 1 and 2 could be given to students after a brief revision session of the major grammatical topics for GCSE. Section A on *Arbeitsblatt* 1 should take 20 minutes and section B on *Arbeitsblatt* 2 about 30 minutes. The results should indicate where the major weaknesses are and grammar revision and teaching could begin from these areas. In addition to these tests you may wish to provide students with a written test to assess the fluency and accuracy of their written work.

Arbeitsblatt 1

Answers

1.
   a *einen*
   b *einen*
   c *den, den*
   d *Klassenkameraden*
   e *Lehrer* (no ending)
   f *Dankesbriefe, die*
   g *Zelte, Luftmatratzen, Schlafsäcken*
   h *den, Gästen, die*
   i *eines Hotelzimmers*

(There are 16 marks for this exercise. No half marks should be given except if students use the correct case of *der/die/das* instead of *ein/eine/ein* or the other way around. If students score less than 12 marks, refer students to page 151 in the grammar reference section of *Zeitgeist 1*.)

2.
   a *einem, an dem/am*
   b *einer, einem*
   c *der*
   d *dem/im, der, der*
   e *das*
   f *dem*

(There are 10 marks for this exercise. If students score less than 7 marks, refer students to page 151 in the grammar reference section of *Zeitgeist 1*.)

3.
   a 8
   b 7
   c 6
   d 5
   e 10
   f 2
   g 9
   h 3
   i 4
   j 1

(There are 10 marks for this exercise. Apart from grammar, it also tests vocabulary on the environment, most of which students should have come across in the preparation for GCSE. If your students have difficulty with this exercise, refer them to page 167 in the grammar reference section of *Zeitgeist 1*.)

4.
   a *schickes, schwarze*
   b *braunen, altmodisch*
   c *letzte, totlangweilig*
   d *kurzen, konservativen*
   e *neues, teuer*
   f *weißes, dunklen, fabelhaft*

(There are 13 marks for this exercise. If students score less than 7 marks, refer students to page 155 in the grammar reference section of *Zeitgeist 1*.)

Arbeitsblatt 2

Answers

1.
   a *haben gehabt*
   b *haben gemacht*
   c *haben geschrieben; haben geschickt*
   d *haben gesucht; haben zusammengestellt*
   e *sind gefahren; sind gegangen*
   f *haben begonnen*
   g *hat dekoriert*
   h *habe zubereitet; hat bestellt*
   i *sind gekommen; haben gegessen, getrunken, getanzt*
   j *haben mitgebracht; haben ausgepackt*
   k *ist gewesen* (accept: *war*); *haben amüsiert*

2.
   a *Meine Schule dauert jeden Tag von halb neun bis halb vier.*
   b *Die Schüler machen im Alter von 16 Jahren Prüfungen in bis zu zehn Fächern.* OR *Im Alter von 16 Jahren machen die Schüler Prüfungen in bis zu zehn Fächern.*
   c *Vor dem Unterricht findet jeden Morgen die Versammlung in der Aula statt.*
   OR *Jeden Morgen vor dem Unterricht findet die Versammlung in der Aula statt.*
   d *Die Jungen spielen natürlich in der Pause am liebsten mit ihren Freunden Fußball im Schulhof.*
   e *Die Mädchen unterhalten sich während dieser Zeit mit ihren Freundinnen in der Kantine.*
   f *Die älteren Schüler brauchen in der Oberstufe keine Uniform mehr zu tragen.*
   g *Man muss such nach dem Abitur einen Studienplatz an einer Universität suchen.*
   h *Man sollte seine Ferien dazu benutzen, während der Oberstufe ein Betriebspraktikum bei einer bekannten Firma zu machen.*
   i *Seine Sprachkenntnisse kann man während der Sommerferien bestimmt im Ausland verbessern.*
   j *Man sollte nach den Klassenarbeiten seine Noten mit den Lehrern besprechen.*
   k *Man muss auf der Uni selbständiger arbeiten als in der Schule.*

(Of course other positions, such as at the beginning of the sentence (as shown in sentences b and c) are also possible and should not be marked wrong. The whole exercise is marked out of 20. For explanations see grammar reference section page 168.)

3 a *Ich würde nicht rauchen, weil es der Gesundheit schadet.*
   b *Viele Jugendliche fahren schwarz, obwohl sie genug Geld für eine Fahrkarte haben.*
   c *Wenn Sie auf Partys gehen, trinken sie oft zu viel Alkohol.*
   d *Nachdem sie den Führerschein gemacht haben, möchten sie unbedingt ihr eigenes Auto.*
   e *Während Sie in der Oberstufe sind, haben sie oft nicht genügend Geld zum Ausgehen.*
   f *Sie nehmen eine Teilzeitarbeit an, damit sie von ihren Eltern finanziell unabhängig sind.*
   g *Sie arbeiten zu viele Stunden in einem Geschäft; deshalb können sie ihre Schularbeit nicht richtig erledigen.*
   h *Als er betrunken nach Hause gekommen ist, waren seine Eltern sehr böse.*
   i *Bevor er etwas über das Juniorenticket gewusst hat, wollte er per Anhalter durch Europa fahren.*
   j *Da er mit 16 mit dem Rauchen begonnen hat, ist er jetzt nikotinabhängig.*

(This exercise is marked out of 10. Half marks can be awarded for getting the answers partly right, especially in sentences c, d, e, h, i and j. For help and extra practice please refer to page 169 in the grammar reference.)

4 a *Wir freuen uns auf unseren Besuch.*
   b *Es geht ihm jetzt viel besser.*
   c *Wir können uns nicht an die Vokabeln von der elften Klasse erinnern.*
   d *Ich freue mich wirklich über meine Ergebnisse.*
   e *Das neue deutsche Textbuch gefällt mir gut.*

(This exercise is marked out of 5. Half marks may be awarded for sentences with only a minor mistake. 49 marks for tests on Arbeitsblatt A and 55 marks for tests on Arbeitsblatt B. Total: 104 marks)

Orientierung

Unit objectives
By the end of this unit students will:
- Talk more about German-speaking countries
- Be able to describe different German towns and regions
- Talk about some famous German-speakers
- Talk more about German history
- Be able to conduct an interview in German

Grammar
- Understand and use gender and plurals
- Use the present tense
- Understand and use the correct word order

Materials
- CD 1, track 1

Skills
- Be able to form questions
- Be able to use a bilingual dictionary
- Know the best way to learn and record vocabulary
- Know how to organise work

Pages 6–7

1 Students look at the contents chart on pages 4 and 5 and list what they will learn.

2 Students complete the activities on *Arbeitsblatt* 1 and 2.

3 Students do the quiz, which introduces them to German-speaking countries.

Answers:
1. *100 Millionen*
2. *Holland, Belgien, Frankreich, Schweiz, Österreich, Tschechische Republik, Polen*
3. *Bern*
4. *Richtig*
5. *e.g. die Donau, die Elbe, der Rhein*
6. *e.g. Graz, Innsbruck, Klagenfurt, Salzburg, Wien*
7. *Beethoven, Benz, Dietrich, Einstein, Freud, Goethe, Graf, Luther, Marx, Mozart, Röntgen*
8. *Französisch, Italienisch, Romantsch / Rätoromanisch*
9. *1989*
10. *e.g. Schokolade, Uhren, Wurst*
11. *e.g. Autos, Elektrogeräte, Maschinen / BMW, Bosch, Mercedes-Benz, Siemens*

12 *(possible answers)* Germany: *Berlin, München, das Oktoberfest;* Austria and Switzerland: *Salzburg, Wien, Bern, Zürich, Berge, Seen, Skifahren*

4 Students copy the timeline and insert sentences a–j into the appropriate gap.

Answers:
a *2006*
b *1933*
c *1871*
d *1989*
e *1929*
f *1914*
g *1949*
h *1961*
i *1951*
j *1945*

5 Students listen to the sentences and match each one to the appropriate sentence on page 7 (a–j).

Answers:
1 h 2 a 3 e 4 b 5 d 6 f 7 j

---

p 7, activity 5

1. Heute Morgen sind die Berliner in einer geteilten Stadt aufgewacht. Ab heute ist es nicht mehr möglich von West- nach Ostberlin zu reisen.
2. In dieser Zeit gab es eine neue Religion in Europa.
3. Die Leute stehen Schlange, aber es gibt hier keine Arbeit.
4. Heute ist Adolf Hitler der deutsche Reichskanzler geworden.
5. Nach 28 Jahren ist es wieder möglich zwischen den beiden Teilen Berlins frei zu reisen.
6. Deutsche Truppen sind schon in Belgien und Frankreich.
7. Nach sechs langen Jahren gibt es wieder Frieden in Europa.

---

6 Students complete the activity to test their comprehension of the reading text.

Answers:
a *demokratisch*
b *kooperieren*
c *schlimm*
d *geteilt*
e *Das Parlament*

Orientierung

Hier spricht man Deutsch

Grammar focus
♦ Present tense

Key language
♦ Ich habe das Land ... gewählt.
♦ Zuerst möchte ich über ... sprechen.
♦ Ich habe erfahren, dass ...
♦ Ich finde es besonders interessant, dass ...
♦ Touristen können ... besuchen.
♦ Die Hauptindustrien sind ...

Materials
♦ Students' Book pages 8–9
♦ CD 1, tracks 2–5
♦ *Arbeitsblatt* 3
♦ Grammar Workbook page 53

 1a Students listen to the first part of the recording and find the answers to complete the table.

Answers:
Berlin; 82 Millionen; 356 956 m²; der Rhein, die Donau, die Elbe; Euro; Elektrogeräte, Autos, Maschinen; BMW, Porsche, Siemens, Bosch, Mercedes-Benz; 14 Millionen Touristen

> p 8, activity 1a
>
> **Teil 1**
> Deutschland liegt in Nordeuropa und hat eine Fläche von 356 956 Quadratkilometern. Der Staat hat zirka 82 Millionen Einwohner. Mehr als 3,5 Millionen davon wohnen in der Hauptstadt Berlin. Die alte deutsche Währung heißt die Deutschmark, aber die Deutschen benutzen auch den Euro. Die Hauptflüsse sind der Rhein, die Donau und die Elbe. Deutschland ist ein großer Industriestaat und stellt unter anderem Elektogeräte, Autos und Maschinen her. Die weltbekannten Firmen BMW, Porsche, Siemens, Bosch und Mercedes-Benz stammen alle aus Deutschland. Deutschland exportiert auch viel Bier von großen Brauereien wie Becks. 14 Millionen Touristen besuchen Deutschland jedes Jahr. Die Hauptattraktionen sind Großstädte wie Berlin, der Schwarzwald oder die Burgen im Rheinland.

 1b Students listen to the second part of the recording and note down the appropriate answers for Austria and Switzerland.

Answers:
Austria – *Wien; 8 Millionen (8 054 000); 83 859m²; die Donau; Euro; Stahl, Maschinenbau, Textilindustrie; 17 Millionen Touristen*
Switzerland – *Bern; 7 Millionen; 41 284m²; der Rhein, der Schweizer Franken; Präzisionsinstrumente wie Uhren, Chemikalien, Textilien, Schkolade; Nestlé; 13 Millionen Touristen*

> p 8, activity 1b
>
> **Teil 2**
> Österreich liegt südöstlich von Deutschland. Österreich hat 8 054 000 Einwohner und bedeckt eine Fläche von 83 859 Quadratkilometern. Die alte österreichische Währung heißt der Schilling, aber so wie in Deutschland sind die Preise in Österreich auch in Euro. Die Hauptindustrien sind Stahl, Maschinenbau und die Textilindustrie. Tourismus ist sehr wichtig für Österreich. 17 Millionen Touristen kommen jedes Jahr. Hauptattraktionen sind die Hauptstadt Wien, Salzburg und die Skigebiete in den Alpen. Wien ist eine der wichtigsten Kulturstädte Europas und beherbergt zahlreiche Galerien sowie die Wiener Philharmonie. Der größte Fluss, die Donau, fließt durch die Hauptstadt.
>
> Die Schweiz grenzt an Frankreich, Deutschland, Österreich und Italien. Sie deckt eine Fläche von 41 284 Quadratkilometern und hat etwa 7 Millionen Einwohner. 74% der Bevölkerung sprechen Deutsch. Die Hauptstadt ist Bern. Andere berühmte Städte sind Zürich und Genf. Die nationale Währung heißt der Schweizer Franken. Die Schweiz hat wenige große Flüsse – der Rhein ist der größte, jedoch hat sie viele schöne Seen wie den Bodensee, den Thuner See und den Genfersee. Die Schweiz hat wenig Schwerindustrie, produziert hauptsächlich Präzisionsinstrumente wie Uhren, Chemikalien und Textilien. Schweizer Schokolade ist weltbekannt und die internationale Firma Nestlé hat ihr Hauptbüro in der Schweiz. 13 Millionen Touristen besuchen die Schweiz jedes Jahr. Manche machen Skiurlaub, andere wandern oder genießen die Landschaft in den Bergen und an den Seen.

Grammatik

A Students insert the correct part of each verb.

Answers:
a *ist*
b *produziert*
c *besuchen*
d *kommen*
e *heißt*

Orientierung

B Students re-write the sentences from activity A for Austria and Switzerland.

Answers:

Austria:

a *Wien ist die Hauptstadt von Österreich.*
b *Österreich produziert Stahl, Maschinen und Textilien.*
c *17 Millionen Touristen besuchen Österreich jedes Jahr.*
d *Firmen wie (students search the Internet to find a suitable company, using google.de) kommen aus Österreich.*
e *Die alte österreichische Währung heißt der Schilling.*

Switzerland:

a *Bern ist die Hauptstadt der Schweiz.*
b *Die Schweiz produziert Präzisionsinstrumente, Chemikalien, Textilien und Schokolade.*
c *7 Millionen Touristen besuchen die Schweiz jedes Jahr.*
d *Firmen wie Nestlé kommen aus Österreich.*
e *Die schweizerische Währung heißt der Schweizer Franken.*

2a Students listen to the interview. The text of the interview is given on the page. Students could listen a few times before following the text on the page.

> p 9, activitiés 2–3
>
> Int: Also Alf, du kommst aus Österreich, wohnst aber seit drei Jahren in Norddeutschland, stimmt das?
> Alf: Ja, das ist richtig.
> Int: Gibt es viele Unterschiede?
> Alf: Ja, jede Menge. Zuerst die Sprache. Wir sprechen zwar alle Deutsch, aber in Österreich ist der Akzent total anders. Wir haben auch einen eigenen Dialekt. Auch in Deutschland gibt es verschiedene Dialekte. Hier im Norden sprechen viele Plattdeutsch.
> Int: Was ist denn Plattdeutsch? Kannst du mir ein Beispiel geben?
> Alf: Ja, zum Beispiel sagt man „ick" anstatt „ich". In Österreich dagegen sagt man „i" und in anderen Regionen sagt man „isch". Es gibt aber viele unterschiedliche Akzente und Dialekte in Deutschland – bayerisch, sächsisch. Und in der Schweiz spricht man Schweizerdeutsch – das ist sehr schwierig zu verstehen.
> int: Bayern und Sachsen sind Bundesländer, nicht wahr? In welchem Bundesland wohnst du jetzt?
> Alf: Ich wohne in Niedersachsen.
> Int: Was ist denn ein Bundesland?
> Alf: Ein Bundesland ist eine politische Region. Es gibt 16 Bundesländer in Deutschland. Jedes Bundesland hat einen Landtag, das ist ein Landesparlament. Jedes Bundesland ist für bestimmte Dinge verantwortlich, zum Beispiel das Schulwesen.
> Int: Hat Österreich auch Bundesländer?
> Alf: Ja, und in der Schweiz gibt es Kantone. Ich glaube, das ist was Ähnliches.
> Int: Gibt es weitere Unterschiede?
> Alf: Ja, die Landschaft natürlich. Da hat Süddeutschland gewisse Ähnlichkeiten mit Österreich und der Schweiz – Wälder, Berge, Seen und so weiter. Hier im Norden ist alles ziemlich flach. Und jedes Land hat auch seine eigenen Traditionen, Feiertage und Spezialitäten.

2b Students decide if the sentences are true or false and correct any false statements.

Answers:

a F *(Er kommt aus Österreich.)*
b F *(In Deutschland gibt es verschiedene Dialekte – bayerisch, sächsisch.)*
c R
d R
e R

3 Students listen again to the recording, re-read the text and fill in the table.

Answers:

Deutschland: Sprache: *Deutsch;* **politische Organisation:** *Bundesländer;* **Landschaft:** *Flach im Norden, im Süden Wälder, Berge, Seen.*
Österreich: Sprache: *Deutsch;* **politische Organisation:** *Bundesländer;* **Landschaft:** *Wälder, Berge, Seen.*
Die Schweiz: Sprache: *Schweizerdeutsch;* **politische Organisation:** *Kantone;* **Landschaft:** *Wälder, Berge, Seen.*

4a Students research some information about one German-speaking country. This could be done for homework.

4b Students present their research as a talk to the class. They should use the sentences in the *Hilfe* box to help them structure a short talk.

Extra! Students listen to the German, Austrian and Swiss national anthems and then complete *Arbeitsblatt* 3.

Orientierung

Was gibt es hier zu tun?

Grammar focus
- Word order

Materials
- Students' Book pages 10–11
- CD 1, tracks 6–7
- Grammar Workbook page 72

1 Students look at the pictures and decide in which town each one is taken.

Answers:
a *Munich*
b *Vienna*
c *Cologne*
d *Berlin*
e *Cologne*
f *Berlin*
g *Vienna*
h *Munich*

 2a Students listen to the recording and read the text.

---

p 9, Extra!

A Deutschland
Einigkeit und Recht und Freiheit
für das deutsche Vaterland.
Danach lasst uns alle streben
brüderlich mit Herz und Hand!
Einigkeit und Recht und Freiheit
sind des Glückes Unterpfand.
Blüh im Glanze dieses Glückes.
Blühe deutsches Vaterland.

B Österreich
Land der Berge, Land am Strome
Land der Äcker, Land der Dome
Land der Hämmer, zukunftsreich.
Heimat bist du große Söhne
Volk begnadet für das Schöne
vielgerühmtes Österreich.

C Die Schweiz
Trittst im Morgenrot daher,
Seh ich dich im Strahlenmeer
Dich, du Hocherhabener, Herrlicher!
Wenn der Alpenfirn sich rötet,
Betet, freie Schweizer, betet!
Eure fromme Seele ahnt
Gott im hehren Vaterland,
Gott, den Herrn, im hehren Vaterland.

---

p 10, activity 2a

Berlin
40 Jahre lang geteilt, seit 1990 wieder die Hauptstadt Deutschlands. Und in den Jahren seit der Wende hat sich die Stadt sehr verändert. Wo die Mauer war, gibt es jetzt neue Wohnungen und Einkaufszentren. Selbst der Reichstag, seit 1999 wieder der Sitz des Parlaments und eine der beliebtesten Sehenswürdigkeiten Berlins, hat eine neue Glaskuppel. In Berlin ist die Geschichte überall, ob im Haus am Checkpoint Charlie, wo man alles über die Mauer erfahren kann, oder in Schloss Sanssouci in Potsdam. Aber Berlin ist zugleich eine moderne Stadt mit vielen Technologieparks und einer lebendigen Kunstszene. Die 42 000 Studenten in Berlin können sich nicht über ein mangelndes Nachtleben beklagen, vor allem im Sommer, wenn die Love Parade die größte Open-Air-Disco der Welt ist.

München
Die schöne Stadt mit Alpenkulisse ist eine der reichsten Städte Deutschlands und Sitz der Autofirmen Audi und BMW. München liegt im Süden und man kann mühelos zum Skifahren oder Wandern in die Berge fahren. Die Stadt ist aber vor allem für das Oktoberfest berühmt. Jedes Jahr, vom dritten Samstag im September bis zum ersten Samstag im Oktober, kommen Millionen von Besuchern nach München, um aufs Oktoberfest zu gehen. Besucher können in großen Zelten sitzen

Orientierung

und Bier genießen oder sich auf dem großen Rummelplatz mit Achterbahnen und Karussells vergnügen. Aber wer nicht zu viel trinken will, muss aufpassen. Das Bier wird in Maßkrügen serviert, das heißt, man bekommt einen ganzen Liter Bier!

Wien
Wien hält sich für die Welthauptstadt der Musik. In keiner anderen Stadt haben so viele weltberühmte Komponisten gelebt wie in Wien. Mozart, Schubert, Haydn und Beethoven haben alle in der Stadt gelebt und die Wiener Philharmonie ist heute noch eines der besten Orchester der Welt. Auch Künstler wie Gustav Klimt haben hier gearbeitet, und in Wien sind einige der wichtigsten Kunstsammlungen der Welt. Wien hat aber nicht nur Kultur zu bieten. Im Wiener Prater locken über 250 Attraktionen, vom berühmten Riesenrad bis zu Gokart-Bahnen, und dazu auch jede Menge Restaurants, Cafés und Biergärten.

Köln
Köln, die Römerstadt am Rhein, ist eine der ältesten Städte Deutschlands und heute die viertgrößte mit über einer Million Einwohner. Der Kölner Dom, Wahrzeichen der Stadt, ist über 750 Jahre alt, und eines der bekanntesten Monumente Deutschlands. Als Hauptstadt des Rheinlands ist Köln ein idealer Ausgangspunkt für Ausflüge in die Weinberge oder für eine Schifffahrt auf dem Rhein. Und in Köln gibt es auch den größten Karnevals Deutschlands. Der Faschingskarneval findet in den letzten Tagen vor der Fastenzeit statt. Es gibt Umzüge, Feste und Tänze und die Leute verkleiden sich.

2b Students look at their answers for activity 1 again and decide if they have answered correctly.

2c Students look at the text again and find synonyms for the words and phrases listed.

Answers:
a *sich vergnügen*
b *die Fastenzeit*
c *das Fest*
d *sich verkleiden*
e *der Rummelplatz*
f *jede Menge*

2d Students decide whether the sentences are true or false and correct any false sentences.

Answers:
a F *(Berlin ist seit 1990 wieder die Hauptstadt Deutschlands.)*
b R
c F *(Es gibt viel Industrie in Berlin.)*
d F *(München ist ist eine der reichsten Städte Deutschlands.)*
e F *(München ist nahe bei den Bergen.)*
f R
g F *(Besucher können auch sich auf dem großen Rummelplatz mit Achterbahnen und Karussells vergnügen.)*
h R
i F *(Der Prater ist eine Freizeitpark.)*
j R
k R
l R

 3 Students listen to the report about *Fastnacht* and the *Oktoberfest* and answer the questions.

Answers:
a *die Schlüssel der Stadt*
b *Bürger der Stadt*
c *mit einem Riesenfest*
d *ein großer Umzug durch die Stadt*
e *alle sind in Urlaubsstimmung; alle können mitmachen*
f *wie groß es ist*
g *zu viele Touristen, zu kommerziell*
h *weil man da jeden kennt*

p 11, activity 3

Christian:	Also, ich wohne in Aulendorf, das ist eine kleine Stadt in Oberschwaben, aber bei uns wird die Fastnacht, oder Fasnet, wie wir sie nennen, groß gefeiert. Bei uns beginnt sie eigentlich schon am Donnerstag.
Int:	Was, am Donnerstag schon?
Christian:	Ja, ich glaube im Rheinland ist es ein bisschen anders, aber bei uns geht es schon früher los, dann bekommen die Narren die Schlüssel der Stadt.
Int:	Und wer sind diese Narren?
Christian:	Das sind alle Bürger der Stadt. Sie sind halt in Narrenzunft und dann bei der Fasnet spielen sie die Narren. So lange die Narren an der Macht sind, ist das Leben anders als sonst.
Int:	Und was passiert?
Christian:	Das ist einfach ein großes Fest. Am Samstag findet immer ein Riesenfest in der Stadthalle statt. Da wird meistens sehr viel getrunken und man soll sich verkleiden, als Mönch oder so was. Dann am Montag geht ein großer Umzug durch die Stadt.
Int:	Das macht bestimmt Spaß.
Christian:	Ja, es ist schön, weil alle Urlaubsstimmung haben und auch weil alle mitmachen können. Es gibt Sachen für die Kinder und für die Erwachsenen.
Int:	Und warst du schon auf dem Oktoberfest?

Orientierung

> Christian: Ja, vor zwei Jahren. Ein Freund von mir war schon dabei gewesen und hat gemeint, es sei sehr lustig. Das hat schon was und es ist imponierend, wie groß das ist. Wir sind Achterbahn gefahren und haben auch in einem großen Zelt gegessen und haben Bier getrunken und geplaudert.
> Int: Würdest du noch mal hingehen?
> Christian: Es war schon interessant, das zu sehen, aber nein, ich werde nicht noch mal hingehen. Ich finde, es ist sehr kommerziell geworden, es gibt wahnsinnig viele Touristen und es ist auch ziemlich teuer. Ich finde unser eigenes Stadtfest eigentlich gemütlicher. Da kennst du jeden und kannst einfach mit den Bürgern deiner eigenen Stadt feiern.

Grammatik

A Students look at the texts on page 10 and find as many examples as possible where the subject follows the verb.

B Students make sentences from the words given, using the correct word order.

Answers:
a *In Köln kann man eine Schifffahrt auf dem Rhein machen.*
b *Heute fahren wir mit dem Zug nach Berlin.*
c *Ich habe den Reichstag schnell besucht.*
d *Man kann ohne Probleme einen Ausflug in die Berge machen.*

4 Students do more research about one of the three festivals in order to give a talk to the class. Useful websites are listed.

5 Students imagine they have been to one of the three festivals and write up a report of approx. 150 words about the event. This could be done for homework.

Im Norden ... im Süden

Grammar focus
♦ Gender and plurals

Skills focus
♦ Using a dictionary

Materials
♦ Students' Book pages 12–13
♦ *Arbeitsblätter* 4–5
♦ Grammar Workbook pages 4–5

1 Students consider the relative advantages and disadvantages of living in the country or in a town. This could be done as a whole-class activity first and then practised further in pairs.

2a Invite students to name any German towns they know. Do they know anything about Hamburg or Munich? Show their position on a map and then read the texts, referring students to the vocabulary help given on the page.

2b Students match the sentence halves.

Answers:
a 4   b 6   c 8   d 1   e 2   f 7   g 3   h 5   i 9

3a Students list the advantages and disadvantages of living in Hamburg or Füssen. They should use the texts to help them and also include their own ideas.

3b Students discuss with a partner whether they would prefer to live in Hamburg or Füssen. They can use their lists from activity 3a as prompts.

[A 4] Extra! Students use *Arbeitsblatt* 4 to do a role-play about German towns.

[A 4] Extra! Students use *Arbeitsblatt* 4 to create a brochure about one of the towns described.

Grammatik

A Students work out the gender of the words listed.

B They then work out the plurals.

Answers (A and B):
der Einwohner(–); die Naturschutzfläche(n); der Makler(–); der Keller(–); die Attraktion(en); die Landschaft(en); die Wohnung(en); die Grenze(n); das Restaurant(s)

C Students check their answers in a dictionary. Refer them to the *Tipp* box which gives help in using a dictionary.

[A 5] *Arbeitsblatt* 5 offers more practice in using a dictionary.

Warum sind sie berühmt?

Grammar focus
♦ Asking questions

Materials
♦ Students' Book pages 14–15
♦ CD 1, track 8
♦ Grammar Workbook page 67

23

Orientierung

1 This activity tests students' knowledge of famous German, Austrian and Swiss people. Students could work in groups to pool their knowledge and try to guess the answers they don't know.

Answers:
Einstein c; Mozart f; Luther a; Federer i; Marx b; Benz e; Goethe d; Freud j; Dietrich g; Röntgen k; Beethoven h

2a Students read the text about Mozart.

2b Students complete the true/false activity to test their understanding of the text. Ask them to correct any false sentences.

Answers:
a F *(Er konnte Klavier, Orgel und Violine spielen.)*
b F *(Vor seinem vierzehnten Geburtstag hatte er bereits zwei Opern komponiert.)*
c F *(Mozart war 25 Jahre alt, als er Constanze heiratete.)*
d R
e R
f F *(Seine Grabstätte ist unbekannt.)*

3 Students write a sentence for each of the dates given. Note the use of the present tense in the answers.

Answers:
1769   *Mozart hat bereits mehrere Sonaten, eine Symphonie und zwei Opern komponiert.*
1781   *Mozart heiratet.*
1791   *Mozart beginnt das Requiem.*

4 Students listen to passages about Marlene Dietrich and Albert Einstein and then test their comprehension by choosing the correct word to go in each of the sentences.

Answers:
a *Berlin*
b *Schauspielerin*
c *Hauptrolle*
d *Amerika / den Vereinigten Staaten*
e *Nationalismus*
f *Konzerte, Truppen*
g *Film*
h *1879*
i *Mathematiker*
j *Universität*
k *Relativitätstheorie*
l *Amerika / den Vereinigten Staaten*
m *Pazifist*

---

p 15, activity 4

Marlene Dietrich wurde 1901 in Berlin geboren und hat eine Ausbildung als Schauspielerin und Sängerin gemacht. In den 20er Jahren hat sie in Theaterstücken und in Stummfilmen in Deutschland gespielt. Der amerikanische Regisseur Josef von Sternberg gab ihr 1929 die Hauptrolle in dem Film „Der blaue Engel". Der Film war ein Riesenerfolg und daraufhin zog sie nach Amerika, wo sie die Hauptrolle in meheren Filmen wie „Der Teufel ist eine Frau" spielte. Der steigende Nationalismus in Deutschland schockierte die Dietrich und 1939 wurde sie amerikanische Staatsbürgerin. Während des Zweiten Weltkriegs hat sie Konzerte für amerikanische Truppen gegeben. 1978 drehte sie ihren letzten Film „Just a Gigolo" mit David Bowie zusammen. Sie ist 1992 gestorben.

Albert Einstein ist 1879 in Ulm geboren. Schon seit seiner Kindheit konnte er sehr schwierige mathematische Konzepte verstehen. 1905 bekam er ein Doktorat von der Universität Zürich und kurz darauf veröffentlichte er seine Relativitätstheorie. Zwischen 1905 und 1919 arbeitete er weiter an seiner Theorie und 1921 gewann er den Nobelpreis. Als Hitler 1933 an die Macht kam, zog Einstein nach Amerika. Dort hat er sich für die Juden in Deutschland eingesetzt. Sein ganzes Leben lang war er Pazifist und unterstützte internationale Abrüstung. 1955 starb Einstein in Princeton.

---

5 Students work through the *Grammatik* section before taking the part of either Marlene Dietrich or Albert Einstein and working in pairs to interview each other.

Grammatik

A Students match the sentence halves to form sentences they could use in activity 5.

Possible answers:
a 2   b 5   c 8   d 10   e 1   f 4   g 3   h 6   i 7
j 9

B Students make up a further five questions.

6 Students write up the interview. This could be done for homework.

Grammatik aktuell

Grammar focus
- Present tense
- Word order
- Genders and plurals
- Asking questions

Materials
- Students' Book page 16
- Grammar Workbook pages 4–5, 49, 67, 72

1A Students fill in the gaps with the correct form of the verb in the present tense.

Answers:
a *bietet*
b *kommen*
c *fahren*
d *liegt*
e *arbeitet, fährt*
f *lerne*
g *gibt*
h *spricht*
i *seid*
j *wohnen*

2A Students write the sentences using the correct word order:
a *In Salzburg kann man das Mozarthaus besuchen.*
b *Im Herbst gibt es ein großes Bierfest in München.*
c *1929 gab es eine Wirtschaftsdepression in Deutschland.*
d *Das Parlament ist jetzt wieder in Berlin.*
e *Schon in seiner Kindheit war Albert Einstein Mathematiker.*

3A Students work out the gender and possible plural of the words listed and then check their answers in the dictionary:

Answers:
a *die Sehenswürdigkeit(en)*
b *der Komponist(en)*
c *der Künstler(–)*
d *das Parlament(e)*
e *die Spezialität(en)*
f *die Sprache(n)*
g *die Ähnlichkeit(en)*

B Students use their dictionary to find the gender and plural of the nouns listed.

Answers:
a *Umzüge (masc)*
b *Feste (neut)*
c *Wälder (masc)*
d *Städte (fem)*
e *Konzerte (neut)*
f *Opern (fem)*
g *Besucher (masc)*

4A Students change the statements into questions using the question words in brackets.

Answers:
a *Was kann man in Berlin besuchen?*
b *Wann ist Mozart geboren?*
c *Wo liegt Wien?*
d *Wie viele Personen haben Deutsch als Muttersprache?*
e *Warum haben die Russen die Berliner Mauer gebaut?*
f *Seit wann ist Deutschland wiedervereinigt?*

Zur Auswahl

Skills focus
- Learning vocabulary and organising work

Materials
- Students' Book page 17

1 Students match the German idioms to their English equivalents.

Answers:
a 4   b 9   c 1   d 2   e 7
f 8   g 10   h 3   i 6   j 5

2 Students take the part of a famous person and try to include as many German idioms in their conversation as possible.

3 Students write a quiz about German-speaking countries for their classmates. This serves as useful revision of the information covered in the unit and could be done as homework.

Freundschaft und Familie
Einheit 1

Unit objectives
By the end of this unit students will be able to:
- Recognise various types of families
- Discuss relationships within families
- Describe relationships with their friends
- Consider the problems of parenthood
- Talk about their own future family structure

Materials
- CD 1, track 9

Grammar
- Use possessive pronouns
- Recognise adjectives
- Use negatives in a sentence

Skills
- Read for gist
- Take notes while listening

Pages 18–19

Students are presented with four photos showing different types of family.

1a Students work in pairs. They pretend to be one of the people in the photographs and describe their family.

1b Students decide to which of the families in photos A–C they would like to belong and give reasons for their decision.

1c Students imagine they are one of the people in photo D; they describe the party and their feelings during the evening.

2a Students carry out a class survey based on the questions listed in the students' book and represent their findings in a pie or bar chart or by expressing them in percentages. It may be useful to work through the questions as a class first to ensure that all students understand all of the vocabulary.

2b Students describe the results of their survey in an essay of about 150 words and try to come to conclusions about the traditional versus modern forms of family life among their class mates.

3a This activity is based on the photographs on page 18, and deals with current forms of family life. Students look again at the photos and match up the vocabulary as a pre-listening activity.

Answers:

1 h 2 d 3 i 4 g 5 f 6 a 7 b 8 e 9 c

3b Students look at the photographs again and match the names to the passages in the recording.

Answers:

Daniel (4), Sinje (3), Jochen (1), Anna (2)

---

p 19, activity 3b

1 Wir hatten uns entschlossen, nur ein Kind zu bekommen. Uns beiden ist der Beruf unheimlich wichtig, und wir haben auch einen großen, sehr aktiven Freundeskreis. Mehr als ein Kind hätte uns beruflich, gesellschaftlich und finanziell äußerst eingeschränkt. Der Kleine geht tagsüber in eine Kita, so kann meine Frau weiterhin voll berufstätig bleiben, und wir können den Lebensstil genießen, an den wir uns gewöhnt hatten. Am Wochenende kommt unser Sohn überall mit hin: auf unser Segelboot, zum Skilaufen – er ist schon ein richtiger Sportprofi!

2 Ich komme aus einer eher unkonventionellen Familie. Meine Mutter war schon zweimal verheiratet: einmal, als sie noch Studentin war, aber diese Ehe hielt nur kurz, und das zweite Mal mit meinem Vater. Aus dieser Ehe stammt auch mein älterer Bruder, der bei meinem Vater in der Schweiz lebt, und meine jüngere Schwester, die bei uns ist. In die Schweiz ging mein Vater geschäftlich, und er lernte dort eine andere Frau kennen, wegen der es schließlich zur Scheidung kam. Eine Zeitlang war meine Mutter dann Alleinerziehende, aber als ich zehn war, hat sie meinen Stiefvater kennen gelernt. Er selber brachte zwei Jungen mit in diese Ehe, meine Stiefbrüder. Vor zwei Jahren haben meine Eltern noch einen Jungen bekommen, meinen Halbbruder.

3 Also, in meiner Clique fühle ich mich am wohlsten. Wir sind meist so zwölf oder fünfzehn, und davon sind fast alle aus meiner Schule. Wir gehen am Wochenende aus, auf Partys oder in den Jugendklub und haben echt viel Spaß zusammen. Ich vertraue meinen Freunden total. Wir treffen uns auch oft nachmittags in der Stadt oder bei jemand zu Hause und quatschen die ganze Zeit, besonders, wenn einer von uns mal Probleme hat, zum Beispiel mit den Eltern oder in der Schule. Pärchen gibt's bei uns selten, das würde nur stören. Ich habe schon Angst davor, dass die Clique auseinanderbricht, wenn wir Lehrstellen annehmen oder wenn ein paar von uns auf die Uni gehen.

> 4 Ich lebe allein mit meinem Papa. Meine Mutter ist schon seit vier Jahren tot. Als ich vier war, erkrankte sie an Brustkrebs, und schließlich ist sie an dieser mörderischen Krankheit gestorben. Mein Vater ist sehr wichtig für mich. Er kann wunderbar kochen, aber beim Putzen und Aufräumen muss ich ihm helfen. Ich hätte nichts gegen eine Stiefmutter, aber mein Vater sagt, so lange ich jung bin, ist es ihm wichtiger, viel mit mir zu unternehmen, als neue Frauen kennen zu lernen. Manchmal kommt er mir ein bisschen deprimiert vor. Ich möchte nicht, dass er einsam ist, besonders wenn ich später wegziehe und auf die Uni gehe.

3c First, students study the expressions listed to ensure they know their meaning. They then listen to the recording from activity 3b once more and match the relevant names to the expressions.

Answers:
Alleinerziehende Mutter = Anna
Tödliche Krankheit = Daniel
Gruppe von Freunden = Sinje
Erwerbstätigkeit = Jochen
Geschäftsreise = Anna
Stiefgeschwister = Anna
Lehrling werden = Sinje
Wiederheirat = Daniel/Anna
Schulische Schwierigkeiten = Sinje
Freizeitsport = Jochen
Eltern geschieden = Anna

3d Students listen to the recording again and link the two halves of sentences.

Answers:
1 d   2 e   3 a   4 c   5 b

Wie klappt's in der Familie?

Grammar focus:
♦ Possessives

Materials
♦ Students' Book pages 20–21
♦ CD 1, track 10
♦ Grammar Workbook page 20

1 Students should first list the members of their family and then make notes on how they get on with each of them, giving reasons for their statements.

As a follow-up activity, students could then compare their notes with their neighbour, make notes on what their partner says, and then report back to the class

about what they have discussed and try to draw a few general conclusions.

2 Students are presented with three reading passages. They should read through these, either individually or as a class, and should then correct sentences a–g.

Possible answers:
a *Tobias' Mutter war mit seinem Vater nie verheiratet.*
b *Tobias darf nicht bei seinen Freunden übernachten.*
c *Tobias würde gern selber herausfinden, wie gefährlich Alkohol oder Drogen sein können.*
d *Angela hat vier Halbgeschwister.*
e *Angelas Vater finanziert das Handy seiner älteren Kinder. Angela muss ihr Handy selbst bezahlen.*
f *Heike weiß schon seit langem, dass sie adoptiert ist.*
g *Heikes Brüder haben blonde Haare und blaue Augen.*

3a This activity prepares students for listening activity 4. Students work with a partner to answer the questions about their family. It may be useful to go through the questions as a class before they begin.

3b Students explain to their classmates what they have been discussing, using the expressions given.

4a Students listen to the recording and match German vocabulary with the English translations.

Answers
1 b   2 d   3 e   4 a   5 c

> p 21, activity 4a
>
> 1 Also, ich bin die Katie, und ich habe total liberale Eltern. Besonders meine Mutter ist großartig. Vielleicht kommt das daher, dass ihre eigenen Eltern, also meine Großeltern, wahnsinnig streng und autoritär waren. Sie durfte mit 18 Jahren noch nicht einmal bis Mitternacht von zu Hause weg bleiben! Ich dagegen darf machen, was ich will. Schon mit 13 übernachtete ich bei Freunden; natürlich sagte ich ihr immer, wohin ich ging. Sie vertraut mir einfach, und das finde ich fantastisch. Andererseits würde es mir aber auch gut tun, wenn sie mir ab und zu genauere Richtlinien gäbe. Nach der Schule zum Beispiel gehen einige von uns immer in die Stadt einen Kaffee trinken oder im Sommer ein Eis essen. Da ich einen Nebenjob in einer Buchhandlung habe, stehe ich eigentlich immer unter Zeitdruck und würde lieber gleich meine Hausaufgaben machen, weil mir meine Abinoten nächstes Jahr wirklich wichtig sind. Ich kann schlecht zu meinen Freunden sagen: „Ich darf nicht, meine Mutter will das nicht",

Einheit 1 Freundschaft und Familie

> denn dann würden sie alle lachen und sagen: „Ja, ja, deine Mutter kennen wir doch! So ist sie nicht." Und so muss ich stark sein und mich ab und zu von den anderen als Streberin auslachen lassen. Zu viel Freiheit ist eben auch nicht immer gut.
>
> 2 Meine Eltern sind entsetzlich streng. Sie sind so richtig altmodisch! Eher wie Großeltern früher waren. Dauernd bekomme ich zu hören: „Nein, Micha, das können wir dir nicht erlauben, das gehört sich nicht, dafür bist du zu jung, die Jugend von heute" und so fort. Grauenhaft. Zum Sport darf ich gehen, aber danach noch ein Bierchen mit meinen Kumpels, trinken wird schon kritisiert: „Micha, denk an deine Gehirnmasse, du schädigst sie unnötig, du wirst dein Abitur nicht bestehen, wenn du so weitermachst." Ich soll meine Freunde mit nach Hause bringen und ihnen hier eine Cola anbieten. Eine Cola!! Ich meine, wir sind doch keine Babys mehr! Ich weiß, sie sind schon ein bisschen älter und machen sich Sorgen um mich, aber wir leben im 21. Jahrhundert! Und jetzt hab ich eine Freundin. Sie geht auch auf meine Schule, und wir treffen uns heimlich. Ich sage ihnen einfach, ich würde mit einem Freund ein Referat vorbereiten, und bis jetzt glauben sie mir das. Ehrlich gesagt, ich kann es nicht erwarten, bis ich ausziehe und mit normalen Leuten in einer Wohngemeinschaft lebe. Dann kann ich endlich so leben, wie ich will.

4b Students listen again and, using the prompts provided, make notes in English.

Possible answers:
Katie gets on very well with her parents, particularly her mother, but Micha finds his parents too authoritarian.
Katie can go out whenever she wants to, but has to be strong to resist peer pressure. She is also allowed to have a part-time job. Micha is allowed his sporting activities, but his parents don't want him to stay out drinking with his friends afterwards. They do not want him to have a girlfriend.
Katie feels under pressure because she would like tighter guidelines and to do well in school. Micha feels under pressure because his parents do not seem to trust him.
Katie would like her parents to be stricter; Micha wants them to be less strict.

4c Students note down whether each statement applies to Katie or to Micha.

Answers:
a Katie
b Micha
c Micha
d Katie
e Katie
f Katie
g Micha
h Katie

4d Students decide whose parents the sentences apply to.

Answers:
a Katie
b Micha
c Micha
d Katie
e Micha
f Katie
g Katie
h Micha

5 Students write an essay entitled 'Das Leben bei mir zu Hause' about their own family situation. Encourage them to draw upon the ideas and vocabulary on pages 20–21.

Grammatik

A Students re-read the three texts on page 20 and find any possessive pronouns.

B Students translate the possessive pronoun in each sentence and add the correct ending.

Answers:
a seiner
b ihrer
c seinen
d unserer
e euer

Tipp

Students read the Tipp section and then try to answer questions a–c.

Meine Freunde, meine Kumpels?

Grammar focus
♦ Adjectives

Materials
♦ Students' Book pages 22–23
♦ CD 1, track 11
♦ Grammar Workbook page 20

1a Students answer a list of questions for themselves about the importance of friends to them.

1b They then compare their answers with those of their neighbours and note similarities and differences.

Freundschaft und Familie Einheit 1

2a Students read two letters from a problem page and find the appropriate title for each of the two letters. Point out that two of the titles do not match either letter.

Answers:
1 c   2 b

2b Students look through the texts again to find which sentences match those listed.

Answers:
a *Wir schreien uns heiser.*
b *Da wird viel diskutiert.*
c *Vor ein paar Wochen ist uns klar geworden.*
d *ausgeschlossen werden*
e *muss ich auf meine jüngeren Geschwister aufpassen*
f *ich werde gehänselt*
g *ein Aussätziger*

As a follow-up task, students could write an answer to one of the letters. They could then discuss with a partner whether the problems in the letters are common ones and whether they have had similar problems themselves.

3a Students re-order the listed qualities according to their own priorities.

3b Students now work as a class and compare their lists. Using this information, they should write a short evaluation on what young people today feel about the issue of friendship and why they feel the way they do.

As a follow-up activity, students could work in pairs and write a short, anonymous description of their partner, describing what kind of friend they are, and pin it to the wall. The rest of the class could then guess who is being described.

4a Students listen to a youth psychologist advising Dorothee and Sascha, who wrote the problem letters on page 22. They make notes in English, using the key points listed in the Students' Book as a guide.

Possible answers:
Dorothee felt happy in her group as friends understood her/had a lot in common/lots of fun together. Her main fear is losing her friends. She shouldn't give in but should talk to them openly, voice her concerns/worries. She will then find out who her real friends are.
The psychologist is full of admiration for Sascha. He can't believe that all young people of Sascha's age just think of partying all the time and suggests Sascha should view his clas mates as people who may be similar to himself. Sascha's qualities: reliability, good listening skills. Sascha could invite friends to his house while he babysits at the same time.

p 23, activity 4a

1 Liebe Dorothee, ich kann dich gut verstehen, dass du dir Sorgen machst. Die ganze Zeit warst du in einer netten Clique, die dir viel Verständnis gezeigt hat. Ihr hattet viele gemeinsame Interessen, ihr mögt dieselbe Musik und gestaltet sicher eure Freizeit ganz ähnlich. Dadurch hattet ihr viel Spaß, und du hast dich sehr wohl gefühlt.
Ich verstehe, dass du Angst hast, deine Freunde zu verlieren, aber bleib stark! Lass dir nicht einreden, dass du ein Spielverderber bist, wenn du nicht mitkiffst. Lass dich auf keinen Fall unter Druck setzen. Ich bin sicher, du bist nicht die einzige in deiner Clique, die Bedenken hat. Sprich offen mit den anderen. Sag, dass du das nicht willst. Die netten unter ihnen werden sich dir anschließen und ihr könnt euch gegenseitig unterstützen. Vielleicht wird deine Gruppe sich verkleinern, aber dann wirst du mit echten Freunden zusammen sein, denen du vertrauen kannst. Ich wünsch dir Glück dazu!

2 Lieber Sascha, ich kann dich nur bewundern! Noch so jung und schon so viel Verantwortung! Es ist völlig normal, dass du dich von den anderen ausgeschlossen fühlst. Wer von ihnen muss schon so viel zusätzliche Arbeit machen wie du? Allerdings kann ich mir nicht vorstellen, dass alle Jugendlichen in deinem Bekanntenkreis nur ständig auf Partys gehen und nur ans Feiern denken! Schau dich mal um: Sind da nicht irgendwo ein paar Klassenkameraden, die ihre Freizeit anders verbringen? Durch deine Rolle in deiner Familie hast du bestimmt Qualitäten entwickelt, die von vielen geschätzt werden: ich denke mir, dass du doch sicher sehr zuverlässig sein musst, dass du viel Zeit für andere aufbringst und dass du ihnen sicher gut zuhören kannst. Wäre es vielleicht möglich, dass du ein oder zwei Freunde zu dir nach Hause einlädst, wenn du Babysitting machst? Vielleicht könntet ihr dabei eine DVD anschauen oder irgendetwas Tolles kochen? Versuch jemanden zu finden, der deine Werte teilt, vielleicht jemanden, der auch nicht viel Geld hat, oder jemanden, der politisch wie du eingestellt ist. Du musst es wagen, selbst auf Menschen zuzugehen. Nur so haben sie die Chance, einen jungen, reifen und verantwortungsbewussten Menschen kennen und schätzen zu lernen. Du kannst anderen unheimlich viel geben, weil du daran gewöhnt bist, auf sie einzugehen. Hab Mut!

4b Students list the friendship qualities mentioned in both recordings.

Einheit 1 Freundschaft und Familie

Answers:

Dorothee: *Verständnis, denselben Geschmack bei Musik, ähnliche Hobbys, gegenseitige Hilfe, gemeinsamer Spaß, Vertrauen und Diskretion*
Sascha: *Zuverlässigkeit, jede Menge Zeit für andere, ähnliche Einstellung zum Geld, politisches Engagement, zuhören können*

5a Students write their own letter to the problem page of a youth magazine about a problem with friends. It can be an actual or an invented problem. Encourage them to draw upon the ideas and vocabulary they have met on pages 22–23 in order to complete this activity.

5b Students exchange the letters with their classmates and write an answer to the problem they receive. Again, encourage them to use the vocabulary and ideas presented on pages 22–23 to help them compose an answer.

Grammatik

A Students list all the adjectives they can find in this unit and decide which case and gender they have.

B Students fill in the correct ending (or none).

Answers:

a *nette*
b *Alleinstehende, schwieriges*
c *älteren, eigene*
d *leibliche, großes*
e *Ängstliche, gefährlichen*

Zusammenleben heute – Formen der Partnerschaft

Grammar focus
◆ Negatives

Materials
◆ Students' Book pages 24–25
◆ CD 1, track 12
◆ Grammar Workbook page 67

1a Students make a few notes on the topic, using the questions in the Students' Book.

1b Students compare their notes with those of two of their classmates. Each of them has to give reasons for their bullet points.

2a Students read the text about living together in the third millennium and find the meaning of the words in bold, first by looking at them in context and then by checking them in a dictionary.

Answers:

Eheähnlich – similar to marriage, Geburtenkontrolle – birth control, aus/harren – to last out, das Jawort – agreement, marriage, ehefeindliche – anti-marriage, gleichgeschlechtlich – of the same sex, vermeidbar – avoidable, Selbstentfaltung – self-realization, self-fulfilment

2b Students match the headings from the list to paragraphs 1–6.

Answers:

1 f   2 c   3 e   4 b   5 d   6 a

2c Students explain the figures from the text.

Answers:

a *Prozentzahl der Scheidungen pro Jahr in Westdeutschland*
b *Prozentzahl der Scheidungen pro Jahr in Ostdeutschland*
c *Zahl der Eheschließungen in Deutschland im Jahre 2004*
d *Prozentzahl der weiblichen Studierenden*
e *das Jahr, wo die Fußballweltmeisterschaft in Deutschland stattfand*

3a Students find the meaning in the dictionary of the words listed.

Answers:

a *church wedding*
b *bridal dress*
c *a shared flat or house*
d *to get on in your job*
e *good salary*
f *hobbies*
g *freedom*
h *divorce*
i *friendships*
j *progeny/offspring/children*

3b Students listen to three young people talk about their future and decide which words in activity 3a apply to which speaker.

Answers:

a *Sandra*
b *Sandra*
c *Hannes*
d *Benjamin*
e *Benjamin*
f *Benjamin/Hannes*
g *Benjamin*
h *Benjamin*
i *Hannes*
j *Sandra*

Freundschaft und Familie Einheit 1

> p 25, activity 3b
>
> **Benjamin:** Meine Eltern sind geschieden, und ich bin bei meiner Mutter aufgewachsen. Ich habe mitgekriegt, wie sie sich oft gestritten haben, und das hat mir Angst gemacht. Vielleicht können Menschen einfach nicht zusammenleben? Ich jedenfalls will immer meine Unabhängigkeit bewahren und auf keinen Fall heiraten. Ob ich mit einer Partnerin zusammenleben möchte? Ich würde nicht nein sagen, aber dafür müsste ich schon eine fantastische Frau finden, eine, die nicht fordernd ist und mich nicht einschränkt. Ob ich Kinder haben werde? Schwer zu sagen. Ich möchte zuerst an meiner Karriere arbeiten und meine Freizeit voll und ganz genießen. Mal sehen!
>
> **Sandra:** Für mich gibt es einfach keine Alternative zur Ehe. Durch die Ehe werden die Kinder geschützt, und wenn man auf dem Standesamt oder in der Kirche verspricht, sein ganzes Leben lang einem Partner treu zu sein, dann ist die Wahrscheinlichkeit, dass es zur Scheidung kommt, nicht so groß. Ich habe einen Freund, und wir planen jetzt schon die Hochzeit, mit weißem Kleid und Schleier und so weiter. Ich kann mir nicht vorstellen, nicht mit meinem Freund alt zu werden. Es ist das Romantischste, was es überhaupt gibt.
>
> **Hannes:** Also, Ehe und so was, das ist doch total langweilig. Ich will zwar mit meiner Freundin zusammenbleiben, aber wir kennen uns so gut, dass eine Zweierbeziehung einfach nicht ausreicht für mich. Nein, mein Traum ist, mit vielen meiner Freunde zusammenzuziehen, so dass immer was los ist, am Abend und am Wochenende. Einfach so in meinen vier Wänden dahinleben und vielleicht jeden Abend fernsehen – nein, das ist nichts für mich. Ich möchte irgendwie ein großes Haus mieten mit einer riesigen Küche, wo wir jeden Abend zusammen essen könnten und Spaß hätten. Das wäre so mein Ideal. Zum Glück denkt meine Freundin ähnlich. Na, wir werden sehen!

3c Students complete the sentences by inserting a negative in the appropriate place. If necessary, they can find help in the Grammar section.

Answers:

a Benjamin will **nicht** heiraten, weil er noch **nirgends** die richtige Frau getroffen hat.

b Er möchte seine Unabhängigkeit für **niemanden** aufgeben.

c Sandra wäre **nicht** glücklich, wenn sie **keinen** netten Mann heiratete.

d Sandra und ihr Freund können sich eine Zukunft ohne Trauschein **nicht** vorstellen. Or: Sandra und ihr Freund können sich **nicht eine / keine** Zukunft ohne Trauschein vorstellen.

e Hannes findet, dass eine Zweierbeziehung ihm **niemals** genügt.

f Er hat **nicht** vor, in der Zukunft seine Freunde weniger häufig zu sehen.

Grammatik

A Students list all the negatives used in the text on page 24.

Answers:
nicht, nicht mehr, keinem, niemand, nirgends, keine, kein

B Students listen again to the recording for activity 3b. They then complete the sentences with negative pronouns.

Answers:
a Niemand
b nichts
c Nirgends

C Students fill in the correct negative form.

Answers:
a niemanden
b nirgends
c Keiner
d nichts
e Keine

4 Students should list the arguments in favour of or against a traditional marriage and draw their own conclusions. They should then use their notes to write an essay of about 160 words entitled: *Hat die Ehe noch eine Zukunft?*

5 Students organise a debate for or against marriage. Two students are for marriage and two are against. The rest of the class vote for the most convincing argument at the end of the debate.

Die Familie in der Zukunft

Skills focus
* Taking notes while listening

Materials
* Students' Book pages 26–27
* CD 1, tracks 13–14

Einheit 1 Freundschaft und Familie

1 Students read the text and find a figure, number or percentage to correspond to the sentences.

Answers:
a 40%   **b** 2050   **c** 8,5   **d** 1,36   **e** 0,77

2a Students prepare for listening activity 2b by finding the words in German, first through their knowledge of vocabulary, and then by checking and completing their work with the aid of a dictionary.

Answers:
a *schwanger werden*
b *eine Familie gründen/Kinder bekommen*
c *die Schwiegermutter*
d *die Unterstützung*
e *das Elterngeld*
f *ich kann es mir leisten*
g *sich kümmern um + acc*
h *sich beurlauben lassen/sich frei nehmen*

2b Students listen to the text and note down any of the phrases they hear from activity 2a. They can then compare their German translations with the German terms in the recording.

> p 26, activity 2b
>
> Als Daniela im letzten Sommer schwanger wurde, haben wir uns riesig gefreut. Wir hatten nämlich schon seit fünf Jahren gehofft, eine Familie zu gründen, und dann hat es endlich geklappt! Natürlich sind wir überglücklich mit unserer kleinen Martina und hätten sie auch früher schon gern als unser Kind gehabt, aber seit 2007 gibt es da ein neues Gesetz, das alles für uns noch viel einfacher macht. Ursprünglich wollte meine Schwiegermutter auf unser Kind aufpassen, aber sie ist schon ziemlich alt. Jetzt kann zuerst Daniela ganze sieben Monate lang zu Hause bleiben, weil sie Martina keine Flasche geben möchte, und dann werde ich mir mindestens ein halbes Jahr frei nehmen, damit meine Frau wieder in den Beruf zurückkehren und ich mein Kind richtig kennen lernen kann. Finanziell ist das durchaus machbar, weil die Regierung vierzehn Monate lang bis zu 1 800€ Unterstützung anbietet, das so genannte Elterngeld.
> Früher wäre das nicht möglich gewesen, weil wir es uns nicht hätten leisten können, aber jetzt können wir uns langsam an unsere neue Existenz als Familie gewöhnen und unserem Baby den bestmöglichen Start ins Leben bieten.
> Auch wenn wir lange darauf warten mussten, Eltern zu werden, hat es sich doch in jeder Hinsicht gelohnt, auch finanziell.

2c Students complete the sentences with words from the box.

Answers:
a *letzten Sommer*
b *fünf Jahre*
c *2007*
d *sieben Monate*
e *ein halbes Jahr*
f *vierzehn*
g *1800€*

3a Students use the bullet points listed to discuss the pros and cons of different childcare solutions.

Possible answers:
Kinderkrippe *Vorteile: mit anderen Kindern zusammen, ausgebildetes Personal; Nachteile: zu viele Kinder, keine persönliche Betreuung, kann Kind nicht nehmen, wenn es krank ist.*
Kinderfrau *Vorteile: Persönliche Beziehung, ist wie eine Mutter, kommt ins Haus, auch bei Krankheit da; Nachteile: Kosten, Kind könnte Kinderfrau mehr lieben als eigene Eltern.*
Au pair *Vorteile: relativ billig, im eigenen Haus, Sicherheit bei Krankheit des Kindes; kann babysitten; Nachteile: keine Erfahrung mit Kindern, kann die Sprache nicht gut, geht nach einem Jahr weg.*
Tagesmutter *Vorteile: nicht zu teuer, ein paar andere Kinder da, hat meistens Erfahrung mit Kindern, Nachteile: Kind muss hingebracht werden, bei Krankheit von Tagesmutter oder Kind kein Schutz.*
Kindergarten *Vorteile: viele Spielkameraden, viele Spielzeuge, Umgang mit anderen; Nachteile: Nur für ältere Kinder, Kinder werden meistens nicht den ganzen Tag betreut.*
Verwandte *(z.B. die Oma) Vorteile: billig, kennt das Kind, passt gut auf das Kind auf, weil es zur Familie gehört. Nachteile: vielleicht veraltete Erziehungsmethoden, Einmischung in die junge Familie; Oma will auch Freiheit.*

3b Students listen to what Daniela, the wife of the speaker in activity 2b, has to say on the topic of childcare and match the two halves of the sentences.

Answers:
1 e   **2** f   **3** g   **4** c   **5** d   **6** b   **7** a

> p 27, activity 3b
>
> Also, ich finde es echt super, dass wir unser Kind in der ersten Zeit auf seinem Lebensweg begleiten können. Meine Mutter wollte uns die Kleine zuerst abnehmen, aber sie hatte letztes Jahr eine Hüftoperation und kann jetzt nicht mehr so gut laufen, und ich glaube, es ist besser so.
>
> Es ist mir erst nach der Geburt klar geworden, dass wir mit der späten Ankunft von Martina Glück hatten, denn jetzt können wir wegen des monatlichen Elterngelds problemlos eine Weile zu Hause bleiben. Vorher wäre das finanziell nicht gegangen, also hatten wir Glück im Unglück.

Und was wir danach machen? Bei uns in Ostberlin gibt's einige Kitas, das sind Kindertagesstätten, die zu Fuß zu erreichen sind und schon einjährige Kinder aufnehmen. Im Osten waren die Leute ohnehin daran gewöhnt, dass der Staat ihnen die Kinder abnahm. Wir bringen Martina morgens um sieben in die Kita und holen sie abends um halb sechs wieder ab. Die Kosten dafür richten sich nach dem Einkommen der Eltern, und wir denken, dass wir das gut bezahlen können. In der Kita gibt es auch Betten für den Mittagsschlaf, Mahlzeiten, die nur mit Bioprodukten zubereitet werden, und natürlich jede Menge Spielsachen. Ach ja, da fällt mir ein, ich muss ja noch das Anmeldeformular abgeben, damit wir auch wirklich einen Platz für unsere Tochter bekommen. Ich glaube, sie wird dort gut betreut werden.

4a Students imagine that they are ten or 20 years older and write an essay of about 160 words about a typical day in their lives at that time. They should use the bullet points listed in the Students' Book as prompts.

4b Students could exchange their essays with a partner before handing them in. With a pencil, the partner could correct anything he/she believes to be incorrect. Students could then discuss their mistakes and how to improve their essays.

Grammatik aktuell

Grammar focus
- Possessives
- Adjectives
- Negatives

Materials
- Students' Book page 28
- Grammar Workbook pages 20, 67

1A Students identify the case of each possessive pronoun.

Answers:
a *dative*
b *dative*
c *accusative*

1B Students change the sentences as in the example.

Answers:
a *ihren*
b *seinem*
c *ihre*

2A Students complete the adjectives.

Answers:

a *einsam*
b *ehrlich*
c *glücklich*
d *ängstlich*
e *genau*
f *zuverlässig*
g *lieblos*
h *eifersüchtig*

3A Students fill the gaps in the sentences with appropriate negatives.

Answers:
a *niemanden*
b *nirgends*
c *niemand*
d *nichts*
e *nicht*
f *nicht* or *nie*

Zur Auswahl

Skills focus
- Stressing German words

Materials
- Students' Book page 29
- Solo CD, tracks 1–2

1a Students list the advantages and the disadvantages of each solution to unwanted pregnancy and discuss these with their partner.

 1b Students listen to a text about a baby hatch and decide which sentences apply to the passage.

Answers:
b, c, e, f, g, i, j

> p 29, activity 1b
>
> **Die Babyklappe**
> Es ist erstaunlich, wie viele Frauen, vor allem junge Frauen oder Teenager, ihrer Umwelt verheimlichen, dass sie schwanger sind. Sie tun es aus Angst vor der Reaktion der Familie, vielleicht, weil sie nicht mehr mit ihrem Partner zusammen sind, oder aus finanziellen Schwierigkeiten, aus Sorge um ihren Arbeits- oder Studienplatz oder aber auch, weil sie schon zu viele Kinder haben und mit erneutem Familienzuwachs nicht fertig würden.
>
> Früher haben solche Frauen ihr Kind oft alleine, womöglich auch noch in einer öffentlichen Toilette, zur Welt gebracht, und dies hatte häufig verhängnisvolle Konsequenzen. Die traurige Episode endete nicht selten mit dem Tod des Babys und manchmal auch der Mutter. Oder das Baby wurde ausgesetzt und starb, weil es nicht rechtzeitig aufgefunden wurde.

Einheit 1 Freundschaft und Familie

> Seit der Jahrtausendwende jedoch hat man versucht, Frauen in solchen Notlagen Unterstützung anzubieten. Zunächst einmal gibt es in immer mehr Krankenhäusern die Möglichkeit der anonymen Geburt. Dort können Babys unter medizinischer Überwachung geboren werden. Die Mutter gibt normalerweise weder ihren noch den Namen des Vaters an und kann die Klinik wieder verlassen, wenn sie sich von der Geburt erholt hat.
>
> Die Babyklappe, auch Babyfenster, Babykorb oder Babyschleuse genannt, besteht aus einer Öffnung in der Wand, in die das Baby gelegt wird, bevor es in ein Wärmebett rutscht. Dieses Wärmebett gibt ein elektronisches Signal weiter, so dass sich sofort jemand um das Kind kümmern kann. Das Überleben des Babys wird dadurch gesichert, aber die Mutter bleibt weiterhin mit ihren Problemen allein. In Hamburg-Altona wurde im Frühjahr 2000 die erste deutsche Babyklappe in Betrieb genommen. Seither gibt es solche Einrichtungen in jeder Großstadt der Republik.
>
> Nach acht Wochen intensiver Betreuung wird das Baby dann zur Adoption freigegeben und bringt vielleicht einem ungewollt kinderlosen Ehepaar Glück und Freude.

h *Gehirn/masse – brain mass/grey matter*
i *Wohn/gemeinschaft – living community/flat sharers*
j *Abenteuer/lust – desire/thirst for adventure*

 B Students listen and repeat the words. They note in particular the stress on each individual word. Point out that each word is stressed equally.

> p 29, activity B
>
> a Gleich/geschlechtliche Partnerschaften
> b Lebens/abschnitts/gefährte
> c Wieder/heirat
> d Geschäfts/reise
> e auseinander/brechen
> f Kinder/tages/stätte
> g Wieder/vereinigung
> h Gehirn/masse
> i Wohn/gemeinschaft
> j Abenteuer/lust

2a Students put themselves in the position of a young mother explaining to her best friend why she will be using the baby hatch for her unwanted baby the next morning. They describe to their partner the young mother's thoughts and her reasons for using this as a last resort. Students should make notes before beginning this activity.

2b Students prepare a telephone call to their parents, with whom they are in conflict about an unwanted pregnancy, explaining why they want to release their baby for adoption.

3 Students write an essay of about 160 words about how they imagine their lives to be in 15 years' time. They take into account the points mentioned in the students' book and also indicate whether or not they are happy.

Gut gesagt!

A Students divide the words into their individual components and translate the whole expressions into English.

Answers:

a *Gleich/geschlechtliche Partnerschaften – same sex relationships*
b *Lebens/abschnitts/gefährte – partner for a stage in your life*
c *Wieder/heirat – second marriage*
d *Geschäfts/reise – business trip*
e *auseinander/brechen – to break apart*
f *Kinder/tages/stätte – children's daycare centre*
g *Wieder/vereinigung – reunification*

Gesundheit   Einheit 2

Unit objectives
By the end of this unit students will be able to:
- Give reasons why people drink alcohol or smoke
- Conduct a debate about the smoking ban
- Discuss the consequences of alcohol misuse and drug-taking
- Express their opinion about the legalisation of drugs
- Discuss the causes of eating disorders and the importance of a healthy diet
- Discuss health issues such as Aids and cancer

Materials
- CD 1, track 15

Grammar
- Use the future tense
- Use conjunctions for style
- Use prepositions
- Use adverbs

Skills
- Extend their vocabulary
- Structure a debate

Pages 30–31
Students are presented with a quiz, which allows them to explore their attitude to food and healthy living. They complete the quiz and add up the number of As, Bs and Cs they have scored. You can then read out the key below.

Testergebnis:
Wenn die meisten Ihrer Antworten A sind,
dann essen und trinken Sie ohne Plan, egal was und wann. Vielleicht sollten Sie ihre Schokoladensnacks und den Alkohol durch einen Apfel und ein Glas Wasser ersetzen. Achten Sie mehr auf ihre Gesundheit – ein Gesundheitsfreak sind Sie auf keinen Fall!

Wenn die meisten Ihrer Antworten B sind,
dann sollten Sie regelmäßiger essen und mit Maßen trinken – besonders Alkohol! Auch sollten Sie sich besser über die Gefahren von Rauchen und zu viel Alkohol informieren. Tun Sie etwas Gutes für ihre Gesundheit, bevor es zu spät ist!

Wenn die meisten ihrer Antworten C sind,
dann herzlichen Glückwunsch – sie wissen, was gut für sie ist. Aber werden Sie nicht zu einem totalen Gesundheitsfreak, denn ein bisschen Schokolade ab und zu schadet nicht!

1a Students match the German with the English words.

Answers:
1 d   2 f   3 e   4 g   5 a   6 b   7 c

1b Students discuss with a partner what the headlines are about.

Answers:
a *alcohol misuse*
b *smoking ban*
c *eating disorders*
d *drugs*
e *Aids*

1c Students find the correct headings after listening to the short texts.

Answers:
1 *smoking ban*
2 *Aids*
3 *alcohol misuse*
4 *obesity*
5 *drugs misuse*

> p 31, activity 1c
> 1. Ab September 2007 darf man in deutschen Bussen und Zügen nicht mehr rauchen. Und in Bahnhöfen wird kein Zigarettenqualm mehr erlaubt sein. Auch darf man ab Januar 2009 erst mit 18 Jahren Zigaretten kaufen.
> 2. Im Jahr 2005 starben in Afrika mehr als drei Millionen Menschen an Aids. Viele Frauen und Kinder sind mit dem HIV-Virus infiziert, aber sie bekommen keine Medikamente. Aids ist aber nicht nur in Afrika ein Problem. Auch in Westeuropa leben viele mit dem Virus.
> 3. In Deutschland sind Alkopops besonders bei 12- bis 15-Jährigen beliebt. Obwohl man erst ab 18 Spirituosen trinken darf, trinken 25 Prozent dieser Altersgruppe mindestens einmal im Monat Alkopops.
> 4. Jedes fünfte Kind in Deutschland ist zu dick. Die Kinder essen zu viel fettes Essen und bewegen sich nicht genug. Sie sitzen oft nur vor dem Fernseher oder dem Computer.
> 5. Die Zahl der jungen Leute, die an einer Drogen-Überdosis sterben, steigt weiterhin. Der Konsum von Cannabis, Kokain und Partydrogen wie Ecstasy nimmt zu, aber Heroin scheint nicht mehr ‚in' zu sein.

1d Students listen to the transcript from activity 1c again and make notes on each of the topics mentioned.

1e Students choose one of the headlines from activity 1b and write a short paragraph (50–70 words). They should use the vocabulary and ideas from pages 30–31 to help them.

35

Einheit 2 Gesundheit

Tipp

A Students find nouns, adjectives and verbs and create word families for the words given.

B Students find synonyms and antonyms for the terms listed.

Possible answers:

a *Mittagessen*
b *naschen*
c *sich cremen*
d *verschlingen*

C Students find more examples of compound nouns on pages 30 and 31.

Answers:
Bahnhof, Zigarettenrauch, Energiespender, Schultag, Mittagessen, Drogenmissbrauch

D Students give definitions for the words listed.

Answers:

a to misuse
b not secure
c to come again
d to drive off, to leave
e not friendly
f to arrive

Alkohol- und Tabakgenuss

Skills focus
♦ Structuring a debate

Key language
♦ Meiner Meinung nach …
♦ Meines Erachtens …
♦ Ich bin total dagegen.
♦ Ja schon, aber …
♦ Im Gegenteil, …
♦ Für mich ist es aber so, dass …
♦ Ich sehe das auch so/Ich sehe das auf keinen Fall so.
♦ Ich stimme dir zu/nicht zu.
♦ Es kommt darauf an, …

Materials
♦ Students' Book, pages 32–33
♦ CD 1, track 16

1 Students match the German words with the English words as preparation for reading the texts.

Answers:
Quatschen = to chat, echt = really, tote Hose = dead boring, sich etwas trauen = to dare to do something, Kumpel = mate, sich voll laufen lassen = to get drunk, unreif = immature, abhängig = dependent

2a Students read the texts in which two young people describe their experiences with alcohol/cigarettes.

2b Students fill in the table to summarise the two texts.

Answers:
Anja: Droge: *Zigaretten;* **wo:** *im Jugendclub;* **warum:** *weil sie nicht blöd aussehen wollte;* **wie gefühlt:** *nicht gesagt;* **Wirkung:** *sie hat das Rauchen nie richtig angefangen, aber ihre Freundin ist total abhängig*
Michael: Droge: *Alkohol;* **wo:** *bei Partys;* **warum:** *einfach tote Hose ohne Alkohol;* **wie gefühlt:** *gut, entspannt, traut sich Mädchen anzuquatschen;* **Wirkung:** *Abhängigkeit*

2c Students find the correct expression/synonym in the texts for the words/expressions listed.

Answers:

a *wir quatschten*
b *man will in einer Clique sein und akzeptiert werden*
c *man ist Kettenraucher/in*
d *man will nicht blöd aussehen*
e *du traust dich*
f *Abhängigkeit*
g *auf die anderen Eindruck machen*
h *man hat keine Lust dazu*

2d Students re-read the texts and decide whether the sentences are true, false or not in the text.

Answers:

a F
b N/T
c R
d F
e N/T

3 Students work with a partner. They read the statements and discuss with which they agree and why/why not.

4a Students listen to the radio phone-in show and decide who is for and who is against a smoking ban.

Answers:
Tanja: against Anita: for Jens: against Stefan: for

	p 33, activity 4a
Presenter:	Also, Anita, was hältst du von einem Rauchverbot?
Anita:	Ich bin total für ein Rauchverbot. Passives Rauchen ist genauso gefährlich wie selber zu rauchen. Gott sei Dank gibt es nun auch in allen öffentlichen Verkehrsmitteln ein Rauchverbot.
Presenter:	Und was meinst du, Tanja?

Tanja:	Ja schon, aber ein allgemeines Rauchverbot in der Öffentlichkeit finde ich doch etwas übertrieben. Getrennte Abteile für Raucher und Nichtraucher finde ich gut.
Presenter:	Und du, Jens, was hältst du von einem Rauchverbot?
Jens:	Ich meine, es kommt darauf an. Ein Rauchverbot ist im Prinzip ziemlich undemokratisch. Wenn Raucher und Nichtraucher gegenseitig Rücksicht nehmen, braucht man kein Rauchverbot.
Presenter:	Wie siehst du das, Stefan?
Stefan:	Ich sehe das auf keinen Fall so. Rauchen ist doch total ungesund und macht außerdem süchtig. Ich stimme Anita zu. Passives Rauchen ist auch schädlich für die Gesundheit. Raucher sollten sich das Rauchen abgewöhnen.
Presenter:	Da stimmst du doch bestimmt zu, Jens?
Jens:	Na ja, trotzdem gibt es Leute, die ihr ganzes Leben lang rauchen und keinen Lungenkrebs oder Raucherhusten bekommen. Mein Opa raucht jeden Tag seine zwei oder drei Pfeifchen, und das seit über vierzig Jahren. Also wäre Rauchverbot eine Beschränkung seiner Freiheit und seiner kleinen Alltagsfreuden.
Presenter:	Was meinst du, Tanja?
Tanja:	Wenn man sich an das Nikotin in Zigaretten und so gewöhnt hat, ist es gar nicht einfach, aufzuhören. Und manche wollen es auch nicht. Ich habe einige Freunde, die ein ziemlich hektisches Leben führen und oft unter Stress stehen. Für sie ist es so, dass sie auf den Nikotingenuss weder verzichten können noch wollen.
Presenter:	Und nun darf man nur noch bei sich zu Hause rauchen, nicht wahr, Stefan?
Stefan:	Ja, und das ist auch richtig so. In den meisten Büros darf man ja schon länger nicht mehr rauchen, und ich finde es richtig, dass es auch in Restaurants nicht mehr erlaubt ist. Ich möchte nicht mehr von Zigarettenrauch eingequalmt werden, wenn ich essen gehe.

4b Students decide which of the opinions are mentioned in the radio show.

Answers:
a, b

Tipp

A Students listen to the debate on 'smoking in public' again from activity 4a and write down as many answers as possible to the questions listed.

5a The class is divided into two groups. One group prepares arguments for the smoking ban; the other, against the smoking ban. Encourage them to use the expressions in the *Hilfe* box and suggestions from the *Tipp* section to help them.

5b Students hold a debate on the smoking ban, using as many expressions from the *Hilfe* box as possible.

6 Students write a short article (150–200 words) for the school newspaper about the smoking ban. They should use the points listed to help structure their article.

7 Students choose either the topic 'Alcohol' or 'The smoking ban' and collect information about it. They then produce a collage using pictures and text.

Drogen: Gefahren und Folgen

Grammar focus
♦ The future tense

Materials
♦ Students' Book, pages 34–35
♦ CD 1, tracks 17–18
♦ Grammar Workbook page 57

1 Students discuss with a partner whether they know anybody who is taking drugs, why they do it and if there is enough done in schools to inform students about drugs. They then discuss these issues in class.

2a Students read the text and find the appropriate German equivalents for the English expressions listed.

Answers:
a *er hatte sich Heroin gespritzt*
b *von dem Zeug los kommen*
c *zu Drogen greifen*
d *Abschreckung*
e *jemand hatte ihn überredet*
f *es schaffen*

2b Students re-read the text and answer the questions.

Answers:
a *Er würde nie zu Drogen greifen.*
b *Erst als er sich Heroin gespritzt hatte, konnte man sich normal mit ihm unterhalten.*
c *Bei einer Party hatte ihn ein Typ dazu überredet.*

Einheit 2 Gesundheit

d *Er nahm noch mehr Drogen, weil er sich dabei gut fühlte und er seine Probleme in der Schule so vergessen wollte.*

e *Es geht ihm sehr schlecht, weil er am Ende ist.*

f *Er wird eine Entziehungstherapie beginnen.*

g *Er wird über seine Sucht sprechen müssen und es wird nicht leicht sein.*

h *Er muss in der Küche helfen oder im Garten arbeiten.*

3a Students listen to an interview with a drugs counsellor and fill in the gaps.

Answers:

a *Unsicherheit*

b *vertuschen*

c *Appetitlosigkeit, die Haut, rot, Leber*

d *Stimmungsumschwung, Pupillen, sich*

e *Lustlosigkeit und Konzentrationsmangel*

f *Überdosis*

g *Geschmackssinn, Lungenkrebs*

---

p 34, activity 3a

Reporter:	Frau Dr Müller, Sie sind Beraterin hier in dieser Beratungsstelle für Drogenabhängige. Für welche Abhängigkeiten sind Sie zuständig?
Dr. M.:	Zu uns kommen Leute mit verschiedenen Problemen. Wir beraten also nicht nur Leute, die von harten Drogen abhängig sind, sondern auch solche, die vielleicht Probleme mit Alkohol haben oder das Rauchen aufgeben wollen.
Reporter:	Es wird ja sehr viel über die Auswirkungen von allen möglichen Drogen gesprochen. Könnten Sie vielleicht die häufigsten Auswirkungen hier für unsere Zuhörer zu Hause kurz erläutern?
Dr. M.:	Ja, natürlich. Ich möchte dabei zuerst auf die Auswirkungen von Alkoholabhängigkeit eingehen. Die ersten Anzeichen oder Symptome sind meistens eine gewisse Reizbarkeit, eine Unsicherheit. Man versucht das Problem zu vertuschen, wenn man merkt, dass man z.B. einen ganzen Morgen in der Schule nicht mehr aushalten kann, ohne irgendwo einen Schluck Alkohol zu trinken. Die späteren A uswirkungen sind dann Appetitlosigkeit, die Haut im Gesicht rötet sich und schließlich wird die Leber krank.
Reporter:	Und wie sieht das bei Benutzern von harten Drogen aus?
Dr. M.:	Nun, die ersten Anzeichen sind oftmals ein grundloser Stimmungsumschwung. Händezittern und die Pupillen erweitern sich. Die Auswirkungen gehen von Lustlosigkeit, Konzentrationsmangel bis — bis man körperlich abgewrackt ist, wie man so sagt. Die Folgen einer Überdosis sind ja allgemein bekannt.
Reporter:	Können Sie zum Schluss noch etwas zu den Folgen des Rauchens sagen?
Dr. M.:	Die Auswirkungen zu starken Tabakgenusses zeigen sich zum Beispiel daran, dass sich die Zähne dunkel verfärben, die Haut wird gelblich, der Geschmackssinn verschlechtert sich und im schlimmsten Fall kann Rauchen, wie Sie ja wissen, zu Lungenkrebs führen.
Reporter:	Frau Dr. Müller, herzlichen Dank für unser Gespräch.

3b Students organise the effects of the different drugs into three columns: drugs misuse, smoking, excessive drinking of alcohol. They should use their notes and answers from activity 3a.

Grammatik

A Students fill in the correct form of *werden*.

Answers:

a *wird* b *werden* c *wirst* d *werde*

B Students re-write the sentences using the future tense.

Answers:

a *Martin wird sich total wohl fühlen.*

b *Hoffentlich wird er es schaffen, los zu kommen.*

c *Fabian wird nicht mit Drogen experimentieren.*

d *Die Lehrer werden ihre Klassen informieren.*

e *Wir werden ihm helfen, eine Lösung zu finden.*

f *Martin wird einen geordneten Tagesablauf haben.*

g *Martin wird an verschiedenen Therapien teilnehmen.*

C Students translate the sentences into German.

Answers:

a *Er wird nie wieder Heroin spritzen.*

b *Sie werden den Arzt um Rat fragen.*

c *Wie wirst du deinem Freund helfen?*

d *Sie hat uns versprochen, dass sie keine Drogen mehr nehmen wird.*

e *Wir werden das Thema Drogen im Jugendclub diskutieren.*

4 Students read the two opinions and decide which opinion they agree with and why/why not. They then write down their own opinion.

Gesundheit Einheit 2

5a Students listen to a debate about how to fight the drugs problem. They note down the suggestions of Franjo, Ivana, Heiko and Anna.

Answers:
Franjo and Anna: Drogen nicht legalisieren, mehr werden zu Drogen greifen, mehr Beratungsstellen, um Drogenabhängigen zu helfen, eine interessante Arbeit bekommen oder in einer Wohngemeinschaft wohnen
Ivana and Heiko: Drogen legalisieren, Drogen und Alkohol sind attraktiver, wenn sie verboten sind, Jugendliche wollen das machen, was verboten ist, Therapien anbieten und Hilfe bei der Reintegration in die Gesellschaft, ein Ziel im Leben haben

	p 35, activity 5a
Heiko:	Um das Drogenproblem zu lösen, muss man meiner Meinung nach alle Drogen legalisieren.
Anna:	Also, das sehe ich auf keinen Fall so. Wenn man Drogen legalisiert, werden mehr junge Leute zu Drogen greifen.
Franjo:	Das finde ich auch, da stimme ich dir total zu. Man hat keine Angst vor der Polizei oder so. Also probiert man vielleicht harte Drogen oder trinkt Schnaps mit 12 oder 13 Jahren.
Ivana:	Nee, im Gegenteil. Meines Erachtens sind Drogen und natürlich auch Alkohol für viele, besonders jüngere Jugendliche attraktiver, wenn sie verboten sind. Sie wollen zeigen, dass sie gegen die Eltern oder Regeln, Gesetze und so rebellieren und …
Heiko:	Ja, genau. Sie wollen gerade das machen, was verboten ist.
Anna:	Drogen zu legalisieren ist für mich keine Antwort auf das Drogenproblem. Ich bin einfach dagegen. Außerdem, finde ich, brauchen wir viel mehr Beratungsstellen, um Drogen- und Alkoholabhängigen zu helfen.
Ivana:	Ja, schon. Beratung ist auf jeden Fall wichtig. Aber um den Abhängigen zu helfen, sollte man vor allem eine Therapie anbieten. Und dann brauchen diese Leute auch Hilfe bei der Reintegration in die Gesellschaft.
Franjo:	Das stimmt. Meiner Ansicht nach ist es besonders wichtig, dass man denjenigen hilft, von der Sucht loszukommen, die Hilfe suchen. Sie müssen etwas Positives in ihrem Leben haben, eine interessante Arbeit, oder mit anderen zusammen in einer Wohngemeinschaft wohnen, zum Beispiel.
Heiko:	Doch, ich sehe das auch so. Wenn man ein Ziel im Leben hat, dann hat man kein Interesse an Drogen mehr.

5b Students discuss the topic 'Should drugs be legalised?' and compare their opinions with those of Franjo, Anna, Ivana and Heiko. Encourage them to use the expressions from the *Hilfe* box on page 33.

6 Students write a summary on the topic 'The fight against drugs'. They should use the future tense and the expressions from the *Hilfe* box on page 33, if possible. They could include the points listed.

Ernährungsprobleme

Grammar focus
♦ Adverbs

Key language
♦ Wenn man die Ursachen untersucht …
♦ Es scheint …
♦ um … + infinitive
    … kann zu … führen.
♦ Die Auswirkungen zeigen sich in …

Materials
♦ Students' Book, pages 36–37
♦ CD 1, track 19
♦ Grammar Workbook page 27

1 Students look at the pictures and discuss whether supermarkets and supermodels are to be blamed for eating disorders.

2a Students read the text about anorexia and find the correct German expressions in the text.

Answers:
a *ihr Körpergewicht überschätzen*
b *Freunde versichern ihnen*
c *Essverhalten*
d *sich beeinflussen lassen*
e *im Unterbewusstsein Angst haben*
f *einen kindlichen Körper*
g *zusätzlich*
h *verdrängte Gefühle ersetzen*
i *eine vernünftige Einstellung zum Essen vermitteln*

2b Students decide which of the sentences listed do not agree with the text.

Answers:
b, d, e

2c Students work as a group to summarise the text in German. They should use the points listed to help them.

3a Students listen to the recording about the problem of obesity in Germany and choose the correct word to complete the sentences.

39

Einheit 2 Gesundheit

Answers:
1 b 2 c 3 c 4 b 5 c

> p 37, activity 3a
>
> Eine erschreckende Statistik des Statistischen Bundesamtes zeigt: die Deutschen sind zu dick, und zwar nicht nur Erwachsene, sondern auch Kinder. Im Mai 2003 hatten 49% aller Erwachsenen Übergewicht. Die Auswertung einer Umfrage, bei der insgesamt 370 000 Personen befragt wurden, zeigt, dass 13% der Bevölkerung starkes Übergewicht hatten; dabei waren Männer häufiger übergewichtig als Frauen. 58% der Männer und 41% der Frauen waren zu dick.
>
> Jedes fünfte Kind leidet bereits unter Fettsucht. Das kann entweder an einer genetischen Veranlagung oder an falscher Ernährung und zu wenig Bewegung liegen. Oft sind die Eltern dafür verantwortlich, weil sie ihren Kindern ein schlechtes Beispiel geben. Sie treiben keinen Sport mit ihren Kindern, fahren sie zur Schule und lassen sie so viel fettes Essen und Süßigkeiten essen, wie sie wollen. Ein Stück Schokolade schadet nicht, aber wenn man jeden Tag etwas Süßes isst, nimmt man pro Jahr rund ein Kilo zu. Um die Situation zu ändern, müsste es mehr Ernährungsberatung für Eltern geben. „Wie ernähre ich mich und meine Familie richtig?", sollte dabei im Mittelpunkt stehen.
>
> Besonders besorgniserregend sind jedoch die Gesundheitsfolgen: Bluthochdruck, Herzinfarkt und Diabetes. Viele übergewichtige Schulkinder leiden heute schon an Altersdiabetes.

 3b Students listen again and then answer the questions.

Answers:
a *49% der Erwachsenen*
b *Männer haben mehr Übergewicht als Frauen, 58% der Männer und 41% der Frauen*
c *genetische Veranlagung, falsche Ernährung, zu wenig Bewegung*
d *Eltern – geben ein schlechtes Beispiel, treiben keinen Sport mit ihren Kindern, fahren sie zur Schule und lassen sie fettes Essen und Süßigkeiten essen*
e *mehr Ernährungsberatung für Eltern geben*
f *Bluthochdruck, Herzinfarkt und Diabetes.*

4 Students work in pairs. Partner A is a journalist and needs to prepare questions on the topic of obesity to ask a food expert, Partner B. Students should consider the points listed when performing their interviews.

Grammatik

A Students translate the adverbs.

Answers:
a *regularly*
b *fast*
c *just (the same as)*
d *suddenly*

B Students find the German for the adverbs listed.

Answers:
a *offen*
b *verantwortlich or: verantwortungsvoll*
c *gefährlich*
d *bequem*

C Students now use the adverbs to translate sentences.

Answers:
a *Er fährt gefährlich (Auto).*
b *Sie handeln verantwortlich/verantwortungsvoll.*
c *Wir sitzen bequem.*
d *Sie spricht offen darüber.*

5 Students write a report of about 150 words on the topic of 'Eating disorders'. They should use the ideas and vocabulary they have met in the reading and listening texts on pages 36–37 to help them. They should mention causes, effects and consequences, as well as giving their own opinion. Encourage them to use conjunctions and to include some expressions from the *Hilfe* box.

Zeitkrankheiten

Grammar focus
♦ Prepositions

Materials
♦ Students' Book, pages 38–39
♦ CD 1, track 20
♦ Grammar Workbook pages 10–18

1 Students work with a partner and decide whether the statements are true or false.

Answers:
a *richtig*
b *richtig*
c *falsch*
d *falsch*
e *falsch*
f *falsch*

 2a Students listen to the report about Aids and choose the best word to complete each sentence.

Answers:
1 c 2 a 3 c 4 c 5 c

40

Gesundheit Einheit 2

> p 38, activity 2a
>
> In einigen afrikanischen Ländern ist Aids bereits die häufigste Todesursache. Weltweit sind mehr als 2,5 Millionen Menschen daran gestorben, und über 40,3 Millionen sind mit dem Aids-Virus HIV infiziert. Auch in Deutschland gibt es über 50 000 Menschen, die an Aids erkrankt sind; in der Schweiz sind es 20 000, und die Zahl der Neuinfektionen steigt. Viele Jugendliche glauben, dass man heute mit Aids ganz gut leben kann, daher hat das Schutzverhalten nachgelassen. Aids macht auch keine Schlagzeilen mehr. Dennoch leben Aids-Patienten in ständiger Angst vor den Nebenwirkungen der Medikamente oder vor einem Versagen der Therapie.
>
> Während ursprünglich Homosexuelle als die größte Risikogruppe galten, weiß man heute, dass etwa ein Drittel der Infektionen aus heterosexuellen Beziehungen kommt. Drogenabhängige, die Nadeln teilen, zählen auch zu den Risikogruppen.
>
> Wenn man sich vor Aids schützen will, muss man Kondome benutzen oder nein sagen. Durch normalen Körperkontakt wie Händeschütteln oder Umarmungen und Küsse kann man sich nicht anstecken.

 2b Students listen to the recording again and summarise the main points in German. They should include the points listed.

3a Students read the text *Hilfsprogramm gegen Aids* and answer the questions.

Answers:

a *das Deutsche Rote Kreuz und das Namibische Rote Kreuz (2)*
b *Dorfmitglieder und Familien über das Virus aufzuklären (1)*
c *die EU (1)*
d *Schulung und Aufklärungsarbeit (2)*

3b Students re-read the text and complete the sentences.

Answers:

a *immer mehr Aids-Infizierte*
b *wollen das Deutsche Rote Kreuz und das Namibische Rote Kreuz helfen*
c *Dorfmitglieder und Familien über das Virus aufklären*
d *drei-jährige / kommt aus EU-Mitteln*
e *hat schon im Norden von Namibia begonnen*

Grammatik

A Students read the text about skin cancer and find examples of the prepositions listed. They should look at the articles and note down how they change in the different cases.

B Students decide which of the sentences listed is in the dative and which is in the accusative and explain why.

Answers:

a *accusative – movement*
b *dative – position*
c *dative – position*
d *accusative – movement*
e *dative – no movement*
f *accusative – movement*

4 Students read the text about skin cancer and then decide which of the sentences are true, false or not in the text.

Answers:

a *richtig*
b *nicht im Text*
c *falsch*
d *richtig*
e *richtig*
f *nicht im Text*
g *falsch*

5 Students work with a partner. Partner A has to interview an expert on skin cancer about the topic. Partner B is the expert and needs to provide information for the reporter. Students work out questions and possible answers and conduct the interview.

6 Students design a leaflet to inform children and young teenagers either about Aids or about skin cancer.

Grammatik aktuell

Grammar focus
- The future tense
- Adverbs
- Prepositions

Materials
- Students' Book, page 40
- Grammar Workbook pages 10–18, 27. 57

1A Students read the statements and turn them into resolutions using the future tense.

Answers:

a *Wir werden nur noch einmal pro Woche Alkohol trinken.*
b *Jens wird weniger fettiges Essen essen.*
c *Susi und Ben werden keinen Alkohol trinken, wenn sie Auto fahren.*
d *Anna wird nie mehr mit Drogen experimentieren.*
e *Andreas wird kochen lernen.*

1B Students translate the sentences into German.

Einheit 2 Gesundheit

Answers:

a *Sie werden keinen Alkohol an Leute unter 18 verkaufen.*
b *Die deutsche Regierung wird das Rauchen in öffentlichen Gebäuden sowie auch in Zügen und Bussen verbieten.*
c *Ein normales Essverhalten wird Essstörungen vorbeugen.*
d *Diesen Sommer werde ich nicht ohne Sonnenschutzlotion in der Sonne liegen.*

2A Students find a suitable adverb to complete each sentence.

Answers:

a *gesund*
b *täglich*
c *regelmässig*
d *häufig*
e *oft*
f *wenig*
g *nie*
h *spät*
i *genug*
j *besser*

2B Students use the adverbs in 2A to write some sentences themselves.

3A Students read the sentences, decide whether they are in the dative or accusative and then re-write the sentences using the case that has not been used.

Answers:

a *Ich hänge das Bild an die Wand.*
b *Das Auto steht zwischen dem Haus und dem Garten.*
c *Das Fahrrad steht vor dem Haus.*
d *Das Flugzeug fliegt über die Stadt.*
e *Das Schiff fährt unter die Brücke.*

3B Students write five sentences using prepositions that take the accusative and five sentences with prepositions followed by the dative.

Zur Auswahl

Skills focus
♦ debating skills
♦ pronunciation of vowels with an umlaut

Materials
♦ Students' Book, page 41
♦ Solo CD, tracks 3–5

1 Students divide into two groups for a debate: those for banning all drugs (including alcohol) and those against. They prepare their arguments, hold the debate and then write a summary of the debate in English.

2a Students listen to the personal experience of a formerly anorexic girl and decide which sentence halves match.

Answers:

1 b   2 d   3 c   4 a

---

p 41, activity 2a

Als ich mit elf in die Realschule kam, war ich ein ziemlich pummeliges Kind. Ich habe mich aber wohl gefühlt, und meine Eltern nannten mich liebevoll „Pummelchen".
In meiner Klasse fingen dann einige Mädchen an, hinter meinem Rücken zu kichern. Sie lachten mich aus und nannten mich „fette Kuh". Von diesem Zeitpunkt an wollte ich dünner werden. Ich fing an, weniger zu essen. Meine Eltern machten sich Sorgen, aber ich sagte nichts. Jeden Tag schaute ich mindestens zehnmal in den Spiegel und stellte mich auf die Waage. Obwohl ich auch abnahm und alle meine Kleider zu weit waren, sah ich mich immer noch als eine „fette Kuh". In den Zeitschriften und in der Fernsehwerbung sah ich nur schlanke Mädchen. Zum Schluss konnte ich fast gar nichts mehr essen, ich hatte keine Energie mehr und konnte auch nicht mehr in die Schule gehen. Meine Eltern brachten mich zu einer Ärztin, die lange mit mir redete und dann eine Therapie und Medikamente vorschlug. Jetzt bin ich 13 und wiege 25 kg. Aber es geht mir schon besser. Ich bin froh, dass ich meine Krankheit bekämpft habe, und ich habe während der Therapie auch eine neue Freundin gefunden.

2b Students read the sentences and decide which are true and which are false.

Answers:

a R
b F *(sie aß weniger und nahm ab)*
c R
d F *(es geht Jutta jetzt besser und sie kann wieder essen)*

2c Students write 50–60 words on the topic 'What, in your opinion, are the reasons for developing eating disorders?' They should use the points listed to help them structure their work.

3 Students read the text *Alkohol im Straßenverkehr* and complete the sentences.

Answers:

a *Wenn man zwei Gläser Wein getrunken hat, dürfen Fahranfänger nicht mehr Auto fahren.*
b *Ein totales Alkoholverbot bedeutet, dass nicht einmal ein kleines Gläschen Bier oder Wein erlaubt ist.*
c *Die Wirkung von Alkohol zeigt sich schon bei 0,2 Promille.*

Gesundheit Einheit 2

d *Wer 0,5 Promille Alkohol im Blut hat, kann die Geschwindigkeit nicht mehr richtig einschätzen.*

e *Da Alkohol am Steuer verboten ist, kann man bestraft werden, wenn man Auto fährt und Alkohol trinkt.*

4 Students work with a partner to discuss the questions given. They then write down their answers and compare the results in class. They summarise the results in writing.

Gut gesagt!

A Students listen to and repeat the words several times.

> p 41, activity A
> schön, erhöht, gewöhnlich, könnte, über, hübsch, Grüße, müsste, Ähnlichkeit, erwähnen, Fähigkeit, ändern

B Students try the tongue twister.

> p 41, activity B
> Der Mondschein schien schon schön.

Wiederholung Einheit 1–2

Materials
- Students' Book pages 42–43
- CD 1, tracks 21–22

1a Students look at the caricature and use the questions listed to make notes.

1b Students discuss their answers with a partner.

2a Students read the text about family life in Switzerland and answer the questions.

Answers:
a *Durchschnittsalter der Frauen: 29, der Männer: 31*
b *Kleinfamilien mit einem oder maximal zwei Kindern sind die Regel*
c *man kann sich mehr als zwei Kinder finanziell nicht leisten, die Mietpreise sind hoch besonders für große Wohnungen, Mangel an Tagesmüttern und Kindergartenplätzen*
d *nicht unbedingt, mehr als die Hälfte aller Ehen werden geschieden*

2b Students discuss the question 'How old should men and women be before starting a family?' with a partner.

2c Students write down the reasons for their opinion in 6b and let their partner correct any mistakes he/she spots. They should use the *Tipp* on page 63 to help them.

2d Students present their answers in front of their class using the *Tipp* on page 115 to help them structure their oral presentation.

3 Students listen to the interview about young Austrians and their relationship with their parents. They then decide which sentences are true (R), false (F) or not in the text (N/T). They should correct any false sentences.

Answers:
a F – *sie hat österreichische Jugendliche interviewt*
b R
c N/T
d F, *sie schätzen es, dass ihre Eltern eine gute Ausbildung für ihre Kinder wollen.*
e R

> p 42, activity 3
>
> Int.: Frau Steinwald, Sie haben eine Untersuchung über die österreichische Jugend gemacht. Darin haben Sie die Frage gestellt: „Was für ein Verhältnis haben junge Österreicher zu ihren Eltern?" Zu was für einem Ergebnis sind Sie gekommen?
>
> Frau: Nun, insgesamt gesehen, kann man sagen, dass die Mehrheit der österreichischen Jugendlichen eine recht gute Beziehung zu ihren Eltern hat. Das zeigt sich darin, dass die meisten glauben, dass ihre Eltern Verständnis für sie haben und wissen, was in ihnen vorgeht.
>
> Int.: Das ist ja sehr positiv. Gibt es auch kritische Stimmen?
>
> Frau: Bevor wir zu der Kritik kommen, noch ein positiver Punkt. Die meisten Jugendlichen schätzen es, dass ihre Eltern bemüht sind, ihren Söhnen und Töchtern eine gute Schulbildung und Berufsausbildung zu ermöglichen. Eine gute Ausbildung wird im Allgemeinen als Basis für einen gesicherten Arbeitsplatz und einen sicheren Lebensunterhalt angesehen. Was nun die Kritik betrifft, fanden viele Jugendliche, dass ihre Eltern kaum dazu bereit waren, einen Fehler zuzugeben oder sich bei ihren Kindern zu entschuldigen, wenn sie diese ungerecht behandelt hatten.
>
> Int.: Eigentlich schade, nicht? Wenn man ein gutes Verhältnis zueinander hat, sollte es doch möglich sein, auch mal einen Fehler zuzugeben.

Wiederholung Einheit 1–2

Frau:	Ja, da haben Sie Recht. Positiv ist jedoch auch, dass die Jugendlichen es akzeptieren, wenn ihre Eltern ihnen Grenzen setzen, wenn es um Erziehung geht und ihre Kinder nicht einfach alles machen lassen.
Int.:	Vielen Dank, Frau Steinwald, für dieses Gespräch.

4 Students discuss with a partner reasons for conflicts and misunderstandings between teenagers and their parents.

5a Students fill in the table.

Answers:
Alkohol: **Wie wirken sie?:** *man fühlt sich gut, man verliert seine Hemmungen* **Was sind die Folgen?:** *Appetitlosigkeit, gerötete Haut, Leberkrebs*
Zigaretten: **Wie wirken sie?:** *beruhigend* **Was sind die Folgen?:** *Zähne verfärben sich, gelbliche Haut, Geschmackssinn verschlechtert sich*
Drogen: **Wie wirken sie?:** *man vergisst seine Probleme, man fühlt sich gut* **Was sind die Folgen?:** *Stimmungsumschwung, Händezittern, Lustlosigkeit, Konzentrationsmangel*

5b Students note down five suggestion on how to help drug addicts using their notes from the activities on page 42.

5c Students write an answer to a worried mother's question to a problem page about her daughter who she thinks is experimenting with drugs and alcohol.

6a Students match the English with the appropriate German expressions in preparation for the listening text.

Answers:
1 d 2 f 3 e 4 b 5 a 6 c

6b Students summarise the main points of the listening text, using the bullet points as a guide.

---

p 43, activity 6b
Nach einer neuen Studie der Bundeszentrale für gesundheitliche Aufklärung zeigt der Alkoholkonsum von Jugendlichen eine Besorgnis erregende Entwicklung. Man hat ungefähr 3000 Jugendliche zwischen 12 und 25 Jahren über ihren Alkoholkonsum befragt. Dabei zeigte sich, dass heute doppelt so viele junge Leute alkoholische Mixgetränke trinken als vor sechs Jahren. Alkopops sind besonders beliebt, und zwar schon bei den 12 bis 15-Jährigen, obwohl für sie alkoholische Getränke gesetzlich verboten sind.
Etwa 50% der Befragten sehen das Rauschtrinken, auch ‚binge drinking' genannt, als gefährlich an, dennoch handeln sie nicht verantwortungsbewusst, besonders, wenn sie auf Partys oder mit Freunden trinken. Jugendliche sollten versuchen, dem Gruppenzwang zu widerstehen und ein vernünftiges Gesundheitsbewusstsein zu entwickeln. Denn wenn man sich einmal daran gewöhnt hat, regelmäßig Alkohol zu trinken, ist es nur noch ein kleiner Schritt in die Abhängigkeit. Alkoholismus ist eine Suchtkrankheit mit schweren Folgen, nicht nur für den Alkoholabhängigen, sondern auch für die Gesellschaft. In Deutschland sterben rund 42 000 Menschen pro Jahr an den Folgen von Alkohol, und 1,7 Millionen Deutsche sind Alkoholiker. Für sie hat das Trinken neben körperlichen auch soziale Auswirkungen: viele verlieren zuerst ihre Arbeit und oft sogar ihre Familie. Zu viele unschuldige Menschen sterben bei Unfällen, die durch Alkohol am Steuer verursacht werden.

6c Using their notes, students now write at least two sentences for each of the four points.

6d Students give their sentences to their partner and try to correct their partner's sentences. Then they give the corrected sentences to the teacher.

7a Students read the text about different diets.

7b Students choose the correct answer.

Answers:
1 c 2 b 3 b

Zu viel Information? Einheit 3

Unit objectives

By the end of this unit students will be able to:
- Discuss TV viewing habits
- Discuss the way advertising influences them and give their opinions about it
- Discuss the role of the press in society

Grammar
- Use the cases
- Use demonstrative adjectives and pronouns
- Recognise the forms of the passive voice

Skills
- Use statistics
- Express opinions

Pages 44–45

1a Students match the titles to the German TV programmes.

Answers:
1 g 2 e 3 a 4 f 5 c 6 d 7 b

1b Students look at the programmes from 1a again and consider what type of programme they are.

2a Students study the bar chart showing what young German people watch on TV.

2b Students now decide whether the sentences are true or false.

Answers:
a R b F c R d R e F f R g R h F

2c Students write four sentences describing the results shown in the bar chart.

Tipp

A Students find the German for the expressions listed.

Answers:
a *im Durchschnitt*
b *über dreimal so viele*
c *doppelt so viele*
d *genauso viele*
e *ein Drittel*
f *eine Hälfte*

3a Students carry out a survey using the questions listed and then work as a class to compare results.

3b Students record the results from their survey in a table.

Ein bisschen Fernsehen?

Grammar focus
- The cases

Materials
- Students' Book, pages 46–47
- CD 1, track 23
- Grammar Workbook pages 10–19

1 Students work as a class to brainstorm words to do with television.

2 Students discuss their own viewing habits with a partner.

3a Students read the text *Die Invasion der Bilder* and find the equivalent German words or phrases for the English words and phrases listed.

Answers:
a *rund um die Uhr*
b *die Zuschauer*
c *ein Anstieg*
d *herunterladen*
e *gesättigt*
f *künftig*
g *ermöglichen*
h *die Qualität des Angebots*

3b Students decide whether the sentences are true or false and correct any false sentences.

Answers:
a R
b F (*Mit der Ankunft des digitalen Zeitalters stehen den Zuschauern jetzt Hunderte von Programmen zur Auswahl.*)
c F (*Schon 2006 empfingen 16,4 Millionen Haushalte in Deutschland Satellitenfernsehen: ein Anstieg von 6% im Vergleich zum Vorjahr.*)
d R
e R
f F (*Dass die Deutschen dann noch mehr Zeit vor der Glotze verbringen werden, glaubt Renz allerdings nicht.*)
g F (*Zuschauer werden sich nicht alles ansehen. Für die Qualität des Angebots kann das nur gut sein.*)

4 Students read the text and match the sentence halves.

Answers:
1 d 2 e 3 a 4 b 5 c

Einheit 3 Zu viel Information?

Grammatik

A Students look at the underlined words in the passage „Reality-Shows: Die neuen Fernsehhits" and decide which case each belongs to.

Answers:

In *den* letzten Jahren (dat); *ein* Fernsehformat (nom); *die* Reality-Show (nom); *der* Zuschauer (nom); *am* Leben (dat); *anderer* (gen); *den* großen Preis (acc); *die* Deutschen (nom); für *ihren* Lieblingssänger (acc); *Die* Show (nom); „Deutschland sucht *den* Superstar" (acc); bei *der* sechsten Staffel (dat); *das* Lied von Mark Medlock (nom); auf *den* ersten Platz (acc); *der* Hitparade geklettert (gen); *einer* normalen Person (dat); *die* Chance geben (acc); *die* Teilnehmer (acc)

5 Students listen to the recording and decide which opinion belongs to which person.

Answers:

a *Thorsten*
b *Jürgen*
c *Jutta*
d *Maria*
e *Maria*
f *Thorsten*

---

p 47, activity 5

Jürgen:
Ich finde, es gibt jetzt zu viele Reality-Shows im Fernsehen. Einige sind lustig, aber andere sind wirklich mies und ich habe auch keine Lust, nur noch Reality-Shows zu sehen. Die Sender sollten auch mal was anderes ausstrahlen.

Maria:
Ich sehe gern Casting-Shows. Sie sind eine Möglichkeit, neues Talent zu entdecken. Ich habe auch ein paar Mal angerufen, um für meinen Lieblingssänger zu stimmen. Ich würde aber nie bei einer Container-Show mitmachen – sie gehen einfach zu weit und dringen total in die Privatsphäre ein.

Thorsten:
Ich finde Container-Shows lustig. Niemand wird gezwungen, daran teilzunehmen, und die Leute sind selber schuld, wenn die Presse sie nachher nie in Ruhe lässt. Die Teilnehmer machen das schließlich, um berühmt zu werden.

Jutta:
Ich finde alle Reality-Shows einfach langweilig – die meisten Teilnehmer an Casting-Shows haben kein Talent, und die Leute in Container-Shows sind total doof und uninteressant. Solche Reality-Shows sind nur eine Möglichkeit für die Sender, Geld zu machen, weil es die Teilnehmer eine Menge Geld kostet, anzurufen.

6a Students work in pairs and discuss what they think of reality shows and of TV in general.

6b Students summarise their opinions in a short written article.

Die Schattenseite des Fernsehkonsums

Skills focus
♦ Expressing opinions

Key language
♦ Ich bin regelmäßiger Zuschauer Ihres Fernsehkanals.
♦ Ich mache mir Sorgen um …
♦ Ich bin mit … gar nicht zufrieden.
♦ Ich finde es erschreckend.
♦ Es ist nicht nötig.
♦ Ich interessiere mich nicht für …
♦ Ich erwarte Sendungen von hoher Qualität.

Materials
♦ Students' Book, pages 48–49
♦ CD 1, track 24

1 Students list the advantages and disadvantages of television and then compare their list with that of a partner.

2a Students read the text and find the German equivalents to the English words and phrases listed.

Answers:

a *laut*
b *die Auswirkungen von übermäßigem Fernsehkonsum*
c *das Übergewicht*
d *ist auf … zurückzuführen*
e *der Inhalt*
f *als Teil des Alltags*

2b Students answer the questions in German.

Answers:

a *drei Viertel*
b *sie können fernsehsüchtig werden*
c *Kinder sind weniger aktiv / Übergewicht*
d *Kinder, die am wenigsten fernsehen haben die größte Chance, einen Universitätsabschluss zu machen*
e *es ist wichtig, auf den Inhalt der Sendungen zu achten*

46

3a Students listen to the six people interviewed and list who describes a positive effect that TV has had and who describes a negative effect.

Answers:
Positiv: Julia, Martin, Silke
Negativ: Katrin, Josef
(Andreas neither, but defends TV)

p 48, activity 3a

Julia:	Mein Name ist Julia. Ich finde, der Artikel geht zu weit. Man vergisst, dass das Fernsehen auch was zu bieten hat. Durch Dokumentarfilme, Nachrichten und so weiter lernen wir über Sachen, von den man vor 50 Jahren nur noch träumen konnte.
Martin:	Ich heiße Martin. Klar sehen manche Leute zu viel fern, aber für andere ist das Fernsehen eine nötige Unterhaltung. Meine Oma ist fast achtzig und kommt nur mit Schwierigkeiten aus dem Haus. Ohne den Fernsehapparat wäre ihr Leben noch schwieriger.
Katrin:	Ich bin die Katrin. So viele Kanäle sind einfach überflüssig. Wir brauchen weniger, aber die, die bleiben, sollten bessere Sendungen ausstrahlen.
Josef:	Josef ist mein Name. Es stimmt schon, dass es zu viel Gewalt im Fernsehen gibt. Manchmal ist Gewalt notwendig und es kann auch gut sein, sie zu zeigen. Kriegsfilme zeigen oft Gewalt, um uns gegen Gewalttätigkeit zu stimmen. Jedoch wird Gewalt oft als Stoff zum Lachen dargestellt oder die Folgen werden heruntergespielt.
Andreas:	Ich bin Andreas. Das Fernsehen ist nicht daran schuld, dass Kinder süchtig werden. Eltern sollen besser kontrollieren, was die Kinder sehen und wie lange sie jeden Tag vor dem Fernseher sitzen. Oft ist es einfacher für Eltern, den Ferseher einzuschalten, als Zeit mit ihren Kindern zu verbringen.
Silke:	Ich finde – Entschuldigung, ich heiße Silke – also, ich finde, dass der Artikel die Gefahren vom Fernsehen übertreibt. Das Fernsehen ist Unterhaltung, es erlaubt uns die Probleme des Alltags zu vergessen. Es bringt uns auch Informationen darüber, was in der Welt passiert. Daher ist es ein wichtiger Teil der modernen Gesellschaft.

3b Students listen to the interviews again and match one statement to each of the six people.

Answers:
Julia f *Martin* h *Katrin* c *Josef* a *Andreas* d *Silke* i

4 Students work in pairs to discuss whether violent films should be banned.

5 Students write a letter to a TV channel to complain about the amount of violence on TV. They should use the *Tipp* section and the *Hilfe* box to help them.

Die Werbung

Grammar focus
- Demonstrative adjectives and pronouns

Key language
- Wir müssen … strenger kontrollieren.
- Ich bin fest überzeugt, dass …
- Werbung übt … Einfluss aus.
- Die Werbung ermutigt uns, …
- Die Werbung hat viele Vorteile/Nachteile.

Materials
- Students' Book, pages 50–51
- CD 1, track 25
- *Arbeitsblatt* 14
- Grammar Workbook page 26

1 A whole-class discussion to get students thinking about advertising which has influenced them.

2 Students look at the two adverts and, as a class, decide which sectors of the public each one targets.

3 Students listen to the adverts and decide what type of product they are for.

Answers:
1 *Kosmetik*
2 *Auto*
3 *Essen*
4 *Urlaubsziel*

p 50, activity 3

1 Stefan, herzlich willkommen!
Ich wusste nicht, dass Verena eine große Schwester hat.
Hat sie auch nicht – ich bin ihre Mutter.
Jeden Morgen und Abend benutzen und auch Ihre Falten vermindern sich. Unser neue Formel lässt Ihre Haut jung und frisch aussehen. Jetzt muss man vor dem Älterwerden keine Angst mehr haben!

2 Was ist wichtig für Sie – Platz, Sicherheit, Luxus und alles zu einem günstigen Preis? Dann suchen Sie nicht weiter – Sie haben es schon gefunden. Spaß am Fahren gibt es am besten bei uns.

Einheit 3 Zu viel Information?

> 3 Noch nie war ein Nachtisch so lecker, noch nie so gesund – aus frischer Alpenmilch gemacht mit einem Geschmack für jeden Tag – Erdbeer-, Pfirsich-, oder Vanille-. Und jetzt mit weniger Kalorien. Verwöhnen Sie sich!
>
> 4 Entdecken Sie neue einsame Strände, entdecken Sie andere Kulturen, entdecken Sie eine neue Großstadt, entdecken Sie das Paradies, entdecken sie alles, von dem Sie bis jetzt nur geträumt haben – bei uns.

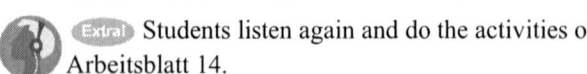 Students listen again and do the activities on Arbeitsblatt 14.

4a Students read three young people's views on advertising.

4b Students find the English equivalents for the words and phrases printed in bold in the text.

4c Students attribute each statement to the appropriate person.

Answers:
a *Jessica*
b *Peter*
c *Marianne*
d *Jessica*
e *Marianne*
f *Jessica*

5 Students list the pros and cons of advertising. They use the texts and their own ideas.

6 Students discuss the opinions a–e in small groups and then discuss their own opinions with the whole class.

7 Students choose two of the statements from activity 6 and write their opinion about them. They should use the vocabulary in the *Hilfe* box on page 49 to help them.

Grammatik

A Students complete the sentences with a demonstrative adjective and make sure the ending is correct.

Answers:
a *dieses*
b *diese*
c *jede*
d *jenes*
e *jene*

B Students translate the sentences.

Answers:
a *This programme is good, but that one on channel 5 is more fun.*
b *Peter won the prize? This I must tell my girlfriend.*
c *Everyone is manipulated by advertising campaigns now and again.*

Was in der Zeitung steht

Grammar focus
♦ The passive voice

Materials
♦ Students' Book, pages 52–53
♦ CD 1, tracks 26–27
♦ Grammar Workbook page 64

1a A whole-class activity to see how often students read different publications.

1b Students decide into which category each title fits.

Answers:
1 *Bunte – eine Zeitschrift*
2 *Rundblick Engelskirchen – eine Ortszeitung*
3 *Die Süddeutsche Zeitung – eine regionale Zeitung*
4 *Die Bild-Zeitung – eine Boulevardzeitung*
5 *Die Welt – eine überregionale Zeitung*

1c Students decide to which category each description refers.

Answers:
a *eine überregionale Zeitung*
b *eine regionale Zeitung*
c *eine Zeitschrift*
d *eine Ortszeitung*
e *eine Boulevardzeitung*

2 Students decide which of the words and phrases listed refer to tabloid newspapers and which refer to broadsheets.

3 Students listen to the four interviews and note down the interviewees' choice of newspapers and reasons for their choice.

Answers:
1 *die „Süddeutsche Zeitung", gut geschrieben, Auskunft über nationale und internationale politische Ereignisse, keine Sensationsmache, Kulturseiten*
2 *das „Schwäbische Tagblatt", Auskunft über regionale nationale und internationale Ereignisse, nicht so kompliziert geschrieben, aber hat die wichtigsten Neuigkeiten*
3 *die „BILD-Zeitung", lustig, Klatsch und Tratsch, nicht so kompliziert geschrieben*
4 *der „Spiegel", keine Zeit, jeden Tag eine Zeitung zu lesen, informativ und interessant über Politik und Wirtschaft, interessante Kommentare, objektiv geschrieben*

p52, activity 3

1
- Int: Welche Zeitung lesen Sie?
- Frau: Ich lese die „Süddeutsche Zeitung".
- Int: Und was für eine Zeitung ist das?
- Frau: Das ist eine überregionale Zeitung.
- Int: Und was ist wichtig für Sie bei einer Zeitung?
- Frau: Die Artikel sollen gut geschrieben sein und ausführliche Auskunft über nationale und internationale politische Ereignisse geben. Das ist sehr wichtig für mich. Ich will keine Sensationsmache in meiner Zeitung – so etwas wie die BILD-Zeitung würde ich nie lesen. Ich finde auch, dass die Kulturseiten sehr interessant sind – es gibt oft gute Artikel über neue Veranstaltungen und kommentare über neue Filme und Theaterstücke.

2
- Int: Welche Zeitung lesen Sie?
- Mann: Ich lese das „Schwäbische Tagblatt".
- Int: Was für eine Zeitung ist das?
- Mann: Das ist meine regionale Zeitung.
- Int: Und warum lesen Sie das „Schwäbische Tagblatt"?
- Mann: Es gibt Auskunft sowohl über regionale als auch über nationale und internationale Ereignisse. Ich finde die Kombination gut. Es ist nicht so kompliziert geschrieben wie die „Süddeutsche", aber die wichtigsten Neuigkeiten sind darin. Auch kann ich mich gut darüber informieren, was in meiner Gegend passiert.

3
- Int: Welche Zeitung lesen Sie?
- Mann: Ich lese die BILD-Zeitung.
- Int: Und was für eine Zeitung ist das?
- Mann: Das ist eine so genannte Boulevardzeitung.
- Int: Und warum lesen Sie das?
- Mann: Zuerst finde ich es lustig. Es gibt viel Klatsch und Tratsch darin, aber was soll's – das gefällt den Leuten. Es ist auch nicht so kompliziert geschrieben wie die großen überregionalen Zeitungen.

4
- Int: Welche Zeitung lesen Sie?
- Frau: Ich lese keine Tageszeitung, ich lese den „Spiegel".
- Int: Und was ist das?
- Frau: Der „Spiegel" ist eine wöchentliche Zeitschrift.
- Int: Und warum lesen Sie den „Spiegel"?
- Frau: Erstens habe ich keine Zeit, jeden Tag eine Zeitung zu lesen. Auch finde ich den „Spiegel" äußerst informativ. Es gibt tolle Artikel über Politik und Wirtschaft und auch interessante Kommentare. Ich finde, dass es auch einigermaßen objektiv geschrieben ist.

4 A whole-class discussion about whether restrictions should be placed on the press.

5a Students read the two texts and decide whether they think the press has too much freedom.

5b Students read the text again and find synonyms for the words and phrases listed.

Answers:
a *die Meinung*
b *informieren*
c *erfahren*
d *reisig*
e *unentbehrlich*

5c Students list the arguments for and against freedom of the press. They then say with which arguments they agree.

6 Students listen to the interviews and make notes under the headings given.

p 53, activity 6

1
- Int: Hat die Presse zu viel Freiheit?
- Gudrun: Nein, ich halte die Pressefreiheit für sehr wichtig. Keine Pressefreiheit bedeutet keine Demokratie.

2
- Int: Hat die Presse zu viel Freiheit?
- Peter: Na ja, ich denke schon, dass die Presse zu weit geht. Sie berichtet zu viel Klatsch und Tratsch und interessiert sich zu viel für Skandale im Leben von Prominenten. Ich finde nicht, dass das die eigentliche Aufgabe der Presse ist.

3
- Int: Und was meinen Sie, hat die Presse zu viel Freiheit?
- Jutta: Nein, ich finde es in Ordnung, dass die Presse über alles berichten darf. Berühmte Personen brauchen die Presse, um an ihr Publikum zu gelangen. Es ist also normal, dass die Öffentlichkeit sich für sie interessiert.
- Int: Aber sie verlieren dabei ihre Privatsphäre.
- Jutta: Das sehe ich als den Preis des Ruhmes.

4
- Int: Und Sie, finden Sie, dass die Presse zu viel Freiheit hat?
- Manfred: Eigentlich nicht. Wir haben das Recht, über das Leben von Politikern und anderen Prominenten zu wissen. Die Presse hat oft politische Skandale

Einheit 3 Zu viel Information?

> entdeckt, nämlich, weil sie Leuten nachspioniert hat.

7 Students work in pairs and discuss with their partner whether or not the press has too much freedom.

8 Students write about 100 words on the theme of press freedom.

Grammatik

A Students translate the sentences into English.

Answers:
a *They put pressure on us.*
b *I am excluded from the group.*
c *The nightshift is better paid.*
d *I am treated like a leper.*

B Students put the sentences into the passive.

Answers:
a *Im Fernsehen wird zu viel Gewalt gezeigt.*
b *Durch Talkshows wird ein unrealistisches Weltbild vermittelt.*
c *Im Internet werden ohne Kontrollen verschiedene Informationen veröffentlicht.*
d *Hurrikane und Überschwemmungen werden durch den Klimawandel bewirkt.*

C Students re-write the sentences in A in the active voice, using *man*.

Answers:
a *Man übt Druck auf uns aus.*
b *Man schliesst mich von der Gruppe aus.*
c *Nachtschicht bezahlt man besser.*
d *Man behandelt mich wie ein Aussätziger.*

Grammatik aktuell

Grammar focus
- The cases
- Demonstrative adjectives and pronouns
- The passive voice

Materials
- Students' Book, page 54
- Grammar Workbook pages 10–19, 26, 64

1A Students identify the case of the nouns in the sentences and translate them into English.

Answers:
a *Fast ein **(nom)** Drittel der **(gen)** Kinder in Deutschland hat einen **(acc)** eigenen Fernseher.* **(Almost a third of children in Germany have their own television set.)**
b *Der **(nom)** Gewinner der **(gen)** Casting-Show hat einen **(acc)** großen Preis gewonnen.* **(The winner of the reality-TV show won a big prize.)**
c *Gute Zeitungen **(nom)** geben ihren **(dat)** Lesern Auskunft **(acc)** über aktuelle Ereignisse **(acc)**.* **(Good newspapers give their readers information about current events.)**

1B Students write three sentences of their own using at least two of the cases in each sentence.

2A Students select the appropriate form of the demonstrative adjective.

Answers:
a *diese*
b *jeder*
c *dies, jenes*

2B Students add the correct ending to the demonstrative adjectives.

Answers:
a *jenes*
b *dieser*
c *jedem*

2C Students complete the sentences with a demonstrative pronoun.

Answers:
a *Dies*
b *Jeder*
c *jene*

3A Students translate the sentences into English.

Answers:
a *There is a lot of advertising on the Internet.*
b *Too much violence is shown.*
c *In many countries the press is censored.*

3B Students re-write the sentences above in the active voice using *man*.

Answers:
a *Im Internet macht man viel Werbung.*
b *Man zeigt zu viel Gewalt.*
c *In vielen Ländern zensuriert man die Presse.*

3C Students decide which tense the sentences are in and then translate them.

Answers:
a *Future – This year even more reality shows will be produced.*
b *Imperfect – The young people were asked about their favourite programmes.*
c *Pluperfect – The article had been published in many newspapers.*
d *Perfect – Last night a good documentary was shown/broadcast.*

Zur Auswahl

Grammar focus
- Pronunciation of *b*, *d* and *g*

Materials
- Students' Book, page 55
- Solo CD, tracks 6–8

1 Students look at the cartoon and discuss the questions with a partner.

2 Students listen to the recording and answer the questions in German.

Answers:
a *zweimal im Jahr*
b *15*
c *seit der 8. Klasse*
d *dass Schüler aus verschiedenen Klassen zusammenarbeiten*
e *Film- und Büchertipps, Gedichte und Geschichte von Schülern, Interviews mit Lehrern, Artikel und Kommentare zu größeren Themen*
f *Journalist werden*
g *Er glaubt, dass die Presse eine wichtige Rolle in der Gesellschaft hat*
h *eine Schüler-Webseite*

> **p 55, activity 2**
>
> Zweimal im Jahr wird die Schülerzeitung gedruckt – und die Redaktion von 15 Schülern kann anschließend wieder aufatmen. Es ist doch nicht so leicht, eine Schülerzeitung herauszugeben – aber die Arbeit macht dem Team des Friedrich-Hahn-Gymnasiums offentsichtlich eine Menge Spaß.
>
> Chefredakteur ist Markus Renz, 17, aus der 12. Klasse. Er arbeitet schon seit der 8. Klasse im Team und sieht die Zeitung als einen Weg, Schüler aus verschiedenen Klassen zusammenzubringen. Und die Zeitung muss die Interessen von allen Schülern vertreten. Sie enthält Film- und Büchertipps, Gedichte und Geschichten von Schülern, Interviews mit Lehrern aber auch Artikel und Kommentare zu größeren Themen – zum Beispiel, „Ist es möglich, gleichzeitig zu jobben und erfolgreich das Abi zu machen?"
>
> Markus möchte später Journalist werden, weil er glaubt, dass die Presse eine wichtige Rolle in der Gesellschaft hat. Und er ist der Meinung, dass selbst eine kleine Schülerzeitung in dieser Hinsicht viel zu bieten hat. Schüler können Meinungen austauschen und auch die Arbeit von anderen bewundern. Sein nächstes Projekt: eine Schüler-Webseite.

3 Students write 150 words on the theme of advertising in today's society.

Gut gesagt!

A Students listen to the words and repeat them.

> **p 55, activity A**
>
> Bild – ob
> Bleiben – schreibt
> Deutsch – gesund
> Dürfen – bald
> gut – Tag
> ganz – Erfolg

B They then practise saying the sentences and listen listen to them before trying again.

> **p 55, activity B**
>
> Jeden Tag gesund essen – der gute Weg zum Erfolg! Mein deutscher Freund wird bald kommen. Ich weiß nicht, ob er lange bleibt.

Die Welt der Kommunikation

Unit objectives

By the end of this unit students will be able to:
- Discuss the pros and cons of mobile phones
- Talk about how you use the Internet
- Discuss the potential dangers of the Internet
- Compare traditional and modern means of communication

Grammar
- Use *seit*
- Use the perfect tense
- Use modal verbs
- Use separable and inseparable verbs

Skills
- Read for gist
- Correct your work

Pages 56–57

1a Students match the titles with the pictures.

Answers:
a 3   b 1   c 2   d 5   e 4

1b Students choose one of the pictures from 1a and describe it.

2 Students do the quiz.

Answers:
1 b   2 a   3 c   4 c   5 b   6 b   7 a

3 Students discuss the questions listed with a partner.

Ich rufe gleich zurück

Grammar focus
- *seit*

Skills focus
- Reading for gist

Key language
- erstens … zweitens … drittens
- einerseits
- andererseits
- vor allem
- schließlich
- alles in allem

Einheit 4

Materials
- Students' Book pages 58–59
- CD 2, track 1
- Grammar Workbook page 12

1a Students discuss the questions listed with a partner.

1b Students work in pairs to discuss the pros and cons of mobile phones.

2a Students read the text and then find the title they think best describes it.

2b Students choose the correct answer to complete each sentence.

Answers:
a *ausgeben*
b *sicherer*
c *ihre Freizeit*
d *unter anderem*
e *immer mehr*

2c Students read the text again and answer the questions in German.

Answers:
a *mit 8 Jahren*
b *zu sozialen Zwecken*
c *telefonieren, als Computer und M3-Spieler benutzen, Fotos machen*
d *jeder dritte*

Tipp

A Students re-read the text on page 58 and identify the key words from the list given.

B Students write a sentence in English to convey the idea of each paragraph in the text on page 58.

 3a Students listen to the interview and decide who says which of the sentences listed.

Answers:
a *Markus*
b *Markus*
c *Markus*
d *Sabine*
e *Sabine*
f *Markus*
g *Markus*
h *Sabine*
i *Sabine*
j *Markus*

p 59, activity 3a

Interviewer:	Hast du ein Handy?
Markus:	Ja, ich habe schon seit fünf Jahren ein Handy.
Interviewer:	Und du Sabine?
Sabine:	Nein, erst seit zwei Jahren. Meine Eltern waren dagegen, und ich musste dafür sparen.
Interviewer:	Warum hast du dann ein Handy gekauft und wozu benutzt du es?
Markus:	Ich habe mein erstes Handy als Weihnachtsgeschenk bekommen. Ich wollte das, weil alle meine Freunde ein Handy hatten. Das war Modesache. Aber meine Eltern waren auch dafür, weil ich eine ziemlich lange Busfahrt zur Schule hatte. Sie wollten, dass ich aus Sicherheitsgründen ein Handy hatte.
Sabine:	Meine Eltern haben das anders gesehen. Sie sahen es als Geldverschwendung. Deshalb muss ich meine Telefonate auch selber bezahlen.
Interviewer:	Und wer bezahlt das bei dir, Markus?
Markus:	Meine Eltern geben mir 15 Euro im Monat für Telefonate. Wenn ich mehr ausgebe, muss ich selber zahlen.
Interviewer:	Wozu benutzt du das Handy?
Sabine:	Ich rufe meine Freunde an oder ich schicke eine SMS, weil es billiger ist. Ab und zu mache ich Fotos. Aber ich benutze das Handy hauptsächlich, um mit Freunden zu kommunizieren.
Interviewer:	Kannst du das nicht von zu Hause aus machen?
Sabine:	Doch, natürlich. Aber ich darf zu Hause nicht stundenlang telefonieren. Und es macht Spaß, ein eigenes Telefon zu haben.
Interviewer:	Und du, Markus?
Markus:	So wie Sabine – SMS schicken und Freunde anrufen, aber ich benutze mein Handy auch als MP3-Spieler. Ich höre Musik auf dem Weg zur Schule. Ich habe auch einen Internetanschluss auf dem Handy, aber ich benutze ihn eher selten, weil das teuer ist.
Interviewer:	Immer mehr Jugendliche filmen Gewaltszenen mit ihrem Handy. Was hältst du davon?
Markus:	Ja, ich habe davon gehört. Es gab ein Problem damit in der Schule, und der Direktor hat die Täter streng bestraft. Aber es sind nur ein paar Idioten, die so was machen.
Sabine:	Ja, es war eine Zeitlang reine Modesache, aber ich denke, es wird bald vorbei sein.

3b Students look at the statements in activity 3a again and decide which of them also apply to them. They then compare answers with a partner.

Grammatik

A Students write five sentences of their own using *seit* to say how long they have been doing or have done certain things.

4a Students read the two texts and summarise the main argument in each in one sentence.

4b Students list the pros and cons of mobile phones. They then compare their ideas with those of a partner.

4c Students prepare a short presentation on the pros and cons of mobile phones and present this to a group of two or three others.

4d Students now write about 100 words on the topic of mobile phones.

Der Sieg des www.

Grammar focus
♦ The perfect tense

Materials
♦ Students' Book pages 60–61
♦ CD 2, track 2
♦ Grammar Workbook page 50

1 Students conduct a survey in class about their own Internet use.

2 Students listen to the interviews and make notes on how the four people use the Internet and their opinion of it.

Answers:
Gerd: wozu: *Recherchen für Schulprojekte; E-mails; Musik und Videos herunterladen* **Meinung:** *toll; manchmal verwirrend, weil es so viel Auskunft gibt; einfacher Auskunft zu finden als in der Bibliothek*
Carola: wozu: *Unterhaltung – liest Seiten über Lieblingsgruppen oder Lieblingssendungen; Chatroom* **Meinung:** *amüsant zu surfen; macht Spaß*
Sebastian: wozu: *bestellt Bücher und Computerspiele* **Meinung:** *praktisch, weil er auf dem Lande wohnt; er spart Zeit und kann gut einkaufen*
Ute: wozu: *war im Ausland – Kontakt mit Freunden und Familie; hat ein Blog geschrieben; E-Mails; Flug gebucht* **Meinung:** *toll; günstiger als Telefonieren; schneller als ein Brief*

Einheit 4 Die Welt der Kommunikation

p 60, activity 2

Interviewer:	Also, Gerd, hast du zu Hause Internet?
Gerd:	Jawohl.
Interviewer:	Und auf welche Seiten gehst du normalerweise?
Gerd:	Das kommt ganz darauf an. Ich benutze das Internet oft, um Recherchen für Schulprojekte zu machen. Ich schicke oft E-Mails, und ich lade auch Musik und Videos herunter.
Interviewer:	Und was hältst du davon?
Gerd:	Ich finde es toll – es gibt so viel Auskunft, dass es manchmal verwirrend ist, aber es ist viel einfacher, im Internet Auskunft zu finden als in der Bibliothek.
Interviewer:	Carola, wozu benutzt du das Internet?
Carola:	Für mich bedeutet Internet Unterhaltung. Ich lese oft die Seiten über meine Lieblingsgruppen oder Lieblingssendungen, und ich gehe oft in einen Chatroom. Das ist immer ganz witzig.
Interviewer:	Und was hältst du davon?
Carola:	Ja, es ist ganz amüsant, ein bisschen zu surfen. Es macht einfach Spaß.
Interviewer:	Und du, Sebastian?
Sebastian:	Ich wohne in einem Dorf, und da gibt es wenige Geschäfte. Ich bestelle Bücher oder Computerspiele über das Internet.
Interviewer:	Was hältst du vom Internet im Allgemeinen?
Sebastian:	Es ist ganz praktisch, wenn man so wie ich auf dem Land wohnt. Man spart viel Zeit und kann genauso gut einkaufen wie die Leute in der Großstadt.
Interviewer:	Und du, Ute. Wozu benutzt du das Internet?
Ute:	Ich habe gerade ein Jahr im Ausland verbracht, und ich habe das Internet benutzt, um mit Freunden und Familie in Kontakt zu bleiben. Ich habe ein Blog geschrieben und ich habe natürlich E-Mails geschickt – und ich habe auch meinen Flug per Internet gebucht.
Interviewer:	Und was hältst du vom Internet?
Ute:	Es ist einfach toll. Es ist viel günstiger als Telefonieren und geht schneller als ein Brief.

3a Students read the text and find the German terms for the words listed.

Answers:

a *Auskunft*
b *Bildschirm*
c *bestellen*
d *Geschäftszeiten*
e *Auswahl*
f *eine Wahl treffen*
g *herausfinden*

3b Students correct the five sentences.

Answers:

a *Man muss die Adresse der Web-Seite in den Computer eintippen und sofort erscheint die Information.*
b *E-Commerce hilft vor allem Touristen.*
c *Christoph hat entdeckt, dass er einfacher ist, mit dem Computer zu arbeiten als zu telefonieren.*
d *Im Internet ist das Informationsangebot größer als in traditionellen Prospekten.*

3c Students fill in the gaps with the appropriate infinitive in its correct form.

Answers:

a *kontrollieren*
b *einkaufen*
c *gekauft*
d *telefonieren*
e *bekommen*

4 Students look at the answers for activities 2 and 3 again and decide whether or not they agree that the Internet is a positive thing. They then make a list of positive and negative points about the Internet and, finally, compare lists with a partner.

5a Students read the text and then match each title with the appropriate paragraph.

Answers:

a = *paragraph 3*
b = *paragraph 1*
c = *paragraph 2*

5b Students answer the questions in German.

Answers:

a *Sie können selbst mitmachen*
b *Sie war im Ausland und wollte Kontakt zu Freunden in Deutschland nicht verlieren*
c *über ihre Erlebnisse als Austauschschülerin in England*
d *nichts Privates*
e *um mit der Welt zu kommunizieren*
f *eine Webseite gegründet*
g *Mädchen zwischen 14 und 19*
h *was sie erlebt haben, welche Bücher und Filme sie gut gefunden haben und was sie von den neuesten Ereignissein der Welt halten*

6 Students discuss their Internet use with a partner, using the bullet points listed.

7 Students now write a short article saying how they have used the Internet in the past and what they think of it.

Grammatik

A Students look at the text „Das Internet gehört mir!" and write down all the verbs in the perfect tense.

Answers:
hat verbracht, hat sie sich ... angemeldet, hat / habe geschrieben, ist weitergegangen, haben erlebt, haben gefunden, habe ... kennen gelernt

Auskunft außer Kontrolle?

Grammar focus
♦ Modal verbs

Skills focus
♦ Checking and correcting your written work

Materials
♦ Students' Book pages 62–63
♦ CD 2, track 3
♦ Grammar Workbook page 46

1a Students read the six texts and match the titles with the appropriate text.

Answers:
a 6 b 2 c 5 d 3 e 1 f 4

1b Students decide which text contains each of the pieces of information listed.

Answers:
a 6 b 3 c 2 d 4 e 1 f 5

1c Students list the advantages and disadvantages of censoring the Internet.

2a Students listen to the interview and make notes in English on the points listed.

Answers:
Frau Pfeil: *not possible to check everything on the Internet – too big; this is a good thing for the freedom of the press; in many countries the Internet is the only way for journalists to get information out; however online dissidents can also get into difficulties*
Herr Roth: *difficult to get Internet under control too big; must do more to protect children from unsuitable material; parents should check what their children are doing – most don't know that their children have met people in chat rooms; keep the computer in the living room so that children don't stay alone in their rooms for hours; install a good filter; site owners should take more responsibility for what people upload*

	p 63, activity 2a
Interviewer:	Also, Frau Pfeil, was halten Sie von der Idee von Zensur im Internet? Sollten wir den Inhalt von Internetseiten strenger kontrollieren?
Frau Pfeil:	Erstens glaube ich nicht, dass es möglich ist, das Internet zu kontrollieren, es ist einfach zu groß. Und das ist eine gute Sache. Kontrollen im Internet wären eine Katastrophe für die Pressefreiheit.
Interviewer:	Ihre Organisation „Reporter ohne Grenzen" unterstützt die Pressefreiheit.
Frau Pfeil:	Ja, und aus manchen Ländern bekommen wir Auskunft nur durch das Internet und durch Weblogs, weil Journalisten keine anderen Methoden haben. In solchen Ländern gibt es viel Zensur, und die traditionellen Medien wie Radio und Presse werden streng kontrolliert. Das Internet ist dann die einzige Möglichkeit, entweder Andere zu informieren oder Meinungen auszutauschen.
Interviewer:	Aber solche Online-Dissidenten können auch in Schwierigkeiten geraten.
Frau Pfeil:	Ja, das stimmt. Obwohl die Regierung den Inhalt solcher Weblogs nicht entfernen kann, sind manche Online-Dissidenten verhaftet worden. „Reporter ohne Grenzen" führt Kampagnen dagegen.
Interviewer:	Herr Roth, Sie sind bestimmt anderer Meinung?
Herr Roth:	Ich bin auch der Ansicht, dass es schwierig ist, das Web unter Kontrolle zu bringen. Ich glaube auch, dass es einfach zu groß ist. Aber ich meine, dass wir mehr tun sollten, um Kinder vor Unpassendem im Internet zu schützen.
Interviewer:	Was soll man machen?
Herr Roth:	Eltern müssen besser kontrollieren, was ihre Kinder im Internet machen. Die meisten Eltern wissen nicht, dass ihre Kinder Leute in Chatrooms kennen gelernt haben, oder welche Webseiten sich ihre Kinder anschauen. Die Kinder wissen viel mehr als ihre Eltern, was es alles im Internet gibt.
Interviewer:	Wie kann man das machen?

Einheit 4 Die Welt der Kommunikation

Herr Roth:	Die Kinder sollten nicht stundenlang allein in ihrem Zimmer vor dem Computer sitzen. Wenn der Computer im Arbeitszimmer oder im Wohnzimmer steht, kann man viel besser sehen, was die Kinder machen. Eltern sollten auch einen guten Filter installieren.
Interviewer:	Also, Sie glauben, dass Zensur nicht möglich ist?
Herr Roth:	Nicht ganz. Auf Seiten, wo man selbst den Inhalt schreibt oder Videos auflädt, sollten die Besitzer der Seite viel mehr Verantwortung für den Inhalt übernehmen. Es geht nicht, dass sie erlauben, dass Leute einfach Videos voller Sex und Gewalt aufladen.

 2b Students listen to the interview again and answer the questions.

Answers:
a *Es ist zu groß*
b *Es ist die einzige Möglichkeit andere zu informieren, weil die traditionellen Medien streng kontrolliert werden*
c *führt Kampagnen, wenn Online–Dissidenten verhaftet werden*
d *kontrollieren, was ihre Kinder im Internet machen*
e *Sie sollen den Computer im Arbeitszimmer oder Wohnzimmer haben und einen guten Filter installieren*
f *Mehr Verantwortung für den Inhalt übernehmen*

Tipp
A Students explain the grammatical rules behind the underlined elements.

3a Students work in pairs and discuss whether there should be stricter controls on what is uploaded onto the Internet.

3b Students now take part in a blog discussion on whether the Internet should be subject to stricter controls. They write about 100 words and should then exchange their work with others in the class.

Grammatik
A Students find examples of modal verbs in the texts on page 62 and note the position of the modal verb and the infinitive in the sentence.

B Students fill in the correct form of the modal verb.

Answers:
sollen, darf, will, müssen

Die alten gegen die neuen Medien

Grammar focus
♦ Separable and inseparable verbs

Materials
♦ Students' Book pages 64–65
♦ CD 2, track 4
♦ Grammar Workbook page 44

1a Students create a spider diagram on the topic of old and new media. They consider the advantages and disadvantages of both.

1b Students compare their list of advantages and disadvantages with that of a partner.

 2a Students listen to the recording and decide who says each of the statements.

Answers:
a *Marianne*
b *Marianne*
c *Hans*
d *Silke*
e *Martin*
f *Marianne*
g *Hans*
h *Marianne*

	p 64, activity 2a
Marianne:	Ob das Internet die anderen Medien ersetzen wird? Nicht für mich. Ich habe keine Lust, immer vor dem Computer zu sitzen – auch kann das nicht sehr gesund sein. Ich glaube, dass man die Vorteile des Internets übertreibt. Erstens sind die Kosten eines Internetanschlusses viel höher als der Preis eines Radios oder einer Zeitung. Auch ist die Qualität des Tons und der Bilder noch nicht so gut.
Martin:	Ich glaube nicht unbedingt, dass das Internet andere Medien gefährdet, aber durch das Internet werden viele Arbeitsplätze verloren gehen. Der Freund meiner Schwester hat neulich seinen Arbeitsplatz in einer Bank verloren – das Internet gefährdet die Existenzfähigkeiten vor allem der Filialien in kleinen Dörfern.
Silke:	Ich glaube nicht, dass das Internet Zeitungen ersetzen kann. Der Reiz einer Zeitung ist anders als der Reiz eines Computers. Es ist viel angenehmer, eine richtige Zeitung durchzublättern als vom Bildschirm

Die Welt der Kommunikation **Einheit 4**

	abzulesen. Auch kann man die Zeitung mit sich herumtragen. Was gut ist, ist, dass ich bestimmte Seiten meiner Regionalzeitung lesen kann, wenn ich von zu Hause weg bin. Das kann für die Auflage nur gut sein!
Hans:	Ich glaube, die alten Medien benutzen das Internet, um sich selbst zu entwickeln. Man kann jetzt fast jede Tageszeitung im Internet lesen, und der Vorteil ist, dass man Artikel zu bestimmten Themen vom Archiv herunterladen kann. Man kann Fernsehsendungen, die man verpasst hat, vom Internet herunterladen – gegen Gebühren natürlich. Es steht außer Frage, dass wir die traditionellen Medien nicht mehr brauchen. Sie müssen aber im Hinblick auf das digitale Zeitalter modernisiert werden.

2b Students listen again and fill in the gaps with the appropriate word from the box.

Answers:
a *ersetzen*
b *übertrieben*
c *Gefahr*
d *herumtragen*
e *unangenehm*
f *unterstützt*

3a Students read the interview with Alex Schuster, and find the German for the words and phrases listed.

Answers:
a *gefährden*
b *keineswegs*
c *übertreiben*
d *Zugang haben*
e *in der näheren Zukunft*
f *zugleich*
g *verschwinden*

3b Students answer the questions in German.

Answers:
a *Er glaubt, das das Internet den alten Medien neue Wege anbietet, ihren Einfluss auszubreiten.*
b *Man kann Zugang zu ihnen bekommen, auch wenn man nicht vor Ort ist.*
c *Es kann sein, dass ein Familienmitglied fernsehen und ein anderer surfen will.*
d *Man kann sie vom Internet herunterladen.*
e *Man muss dafür bezahlen.*
f *DVDs und CDs: viele Jugendliche laden bereits lieber Musik vom Internet herunter, als eine CD kaufen. Mit DVDs könnte es genauso gehen.*

4 In pairs, students look at the answers to activities 2b and 3b again and consider whether they agree or disagree with the opinions presented and why.

5 Students write about 150 words on the topic of old and new media. Encourage them to use the ideas presented on these pages to help them, but also to give their own opinion.

Grammatik

A Students find the separable verbs in German in the text.

Answers:
a *ausbreiten*
b *sich setzen*
c *herunterladen*
d *zuhören*
e *sich anschaffen*
f *fernsehen*
g *vorziehen*

B Students write a sentence using each of the verbs in activity A in the present and past tenses.

Grammatik aktuell

Grammar focus
♦ *seit*
♦ Perfect tense
♦ Modal verbs
♦ Separable and inseparable verbs

Materials
♦ Students' Book page 66
♦ Grammar Workbook pages 12, 44, 46, 50

1A Students answer the questions in German using *seit*.

2A Students fill in the gaps in the sentences using the perfect tense of the verb in brackets.

Answers:
a *habe ... gekauft*
b *haben ... gemacht*
c *hat ... geschrieben*
d *hat ... gegründet*
e *haben ... berichtet*
f *haben ... verbracht*
g *sind ... geworden*
h *hast ... gesurft*

3A Students answer the questions using modal verbs. They start each sentence with the modal verb in the question and give two or three examples for each question.

57

Einheit 4 Die Welt der Kommunikation

4A Students find the separable verbs in German and write a sentence in the present and past tenses using each one.

Answers:
anrufen, mitmachen, austauschen, ausdrücken, kennenlernen

Zur Auswahl

Skills focus
- Pronunciation of *ig*, *ich*, *isch*

Materials
- Students' Book page 67
- Solo CD, track 9–10

1 Students read the text and choose the correct answer.

Answers:
a *gestiegen*
b *viel weniger*
c *im Freien*
d *erfinderisch*
e *bestimmen*
f *zunehmen*

2 Students look at the statements and decide whether they agree or disagree with each of them. They then discuss these with a partner and finally produce a written summary of their views.

3 Students produce a brochure for young people on the topic of 'safe surfing'. They should use the ideas and vocabulary presented on these pages, as well as their own ideas, to give tips on how to use the Internet safely.

Gut gesagt!

A Students listen and repeat the adjectives, paying attention to the endings.

> p 67, activity A
>
> wenig
> billig
> witzig
> günstig
> möglich
> eigentlich
> jugendlich
> schriftlich
> praktisch
> politisch
> launisch
> erfinderisch

B Students try the tongue twister first and then listen to the cassette and try again. It is recorded once slowly and then faster.

> p 67, activity B
> Theoretisch ist das richtig, aber eigentlich gar nicht wichtig – beschwichtigt der ewig praktische Herr Derwisch.

Wiederholung Einheit 3–4

Materials
- Students' Book pages 68–69
- CD 2, track 5

1a Students read the text about soap operas.

1b Students answer the questions in English.

Answers:
a *in America during the 20s*
b *to advertise washing powder*
c *short scenes, so viewers don't have to concentrate for too long, lots of interesting characters, tension*
d *two rich rival families*
e *„Marienhof" aims to be more true to life*
f *viewers can identify with it as it is more realistic*
g *they make viewers aware of key social issues such as racism*
h *they replace social contact for those who live alone – they also make your problems appear less serious*

2a Students use the bullet points to prepare notes about a soap opera of their choice. They then describe it to the class and the members of the class have to guess the programme.

2b A whole-class discussion about the value (or otherwise) of soap operas.

3 Students write a description of their chosen soap opera and express their opinion about its value / role.

4 Students listen and choose the correct answer each time.

Answers:
1 c 2 a 3 a 4 c 5 a 6 b 7 b 8 c

Wiederholung Einheit 3–4

p 69, activity 4

Ja, sagt Andreas, 16, aus Mainz, Computer sind zweifellos die besseren Lehrer. Wenn er nachmittags aus der Schule kommt, schaltet Andreas als Erstes den Computer ein. In der Schule hat Andreas Probleme – vor allem leidet er unter Konzentrationsmangel, der es für ihn unmöglich macht, eine Stunde lang ruhig im Klassenzimmer zu sitzen. Vor dem Computer hat er solche Probleme aber nicht. „Ich kann arbeiten, wann und wie ich will", sagt er. „Wenn ich nach 10 Minuten eine Pause machen will, dann darf ich das. Und ich kann auch abends arbeiten, weil ich es dann einfacher finde, mich zu konzentrieren!" Natürlich spielt Andreas auch am Computer – aber er hat dadurch Zugang zu zahlreichen Webseiten, die auch bei den Hausaufgaben helfen sollen: er kann zum Beispiel englische Vokabeln abchecken oder Matheprobleme lösen.

Manche Schulen sind derselben Meinung wie Andreas und investieren immer mehr in Informatiklabors und die neuesten Medien. Bald, meinen einige, werden wir keine Lehrer mehr brauchen – jeder Schüler wird ein persönliches Lernprogramm haben und alles am Computer machen. In den USA jedoch, wo jeder vierte Schüler schon mit einem Laptop arbeitet, haben Studien gezeigt, dass die Computer nicht zum Lernerfolg der Schüler beitragen. Für die Leistungen macht es keinen Unterschied, ob die Schüler einen Laptop haben oder nicht. Vielleicht müssen Lehrer dann doch keine Angst haben, bald arbeitslos zu werden!

5 Students work with a partner to discuss the topic of computers being used in teaching: are computers the best teachers? They should use the bullet points to help them.

6 Students now give their opinion on the question dicussed in activity 5 in a written article.

7 Students write an advertisement for the illustration.

Freizeit Einheit 5

Unit objectives
By the end of this unit students will be able to:
- Discuss what Germans like to do in their free time
- Describe different hobbies and pastimes
- Comment on various trends in cinema and its relevance in the 21st century
- Talk about music and musicians
- Describe different aspects of culture
- Gain an insight into German culture

Grammar
- Understand subordinate clauses
- Use relative pronouns
- Use indefinite pronouns

Skills
- Deal with longer texts
- Improve their writing skills

Materials
- CD 2, tracks 6–7

Pages 70–71
Students are introduced to the topic with some statistics on the types of leisure activities Germans tend to spend more or less money. It is worth pointing out to students that these figures may not necessarily be reliable, and that they depend on when the survey was carried out and which social groups and how many people in total were questioned.

1a Students answer the questions with a percentage figure. Ensure, first, that they understand all of the categories in the graph.

Answers:
a 87%   b 53%   c 77%   d 41%   e 21%   f 52%

1b Students complete the sentences with the appropriate word from the box.

Answers:
a *Restaurants*
b *Geld*
c *weniger*
d *gleich viel, Mobiltelefons*
e *zahlen*
f *mehr*

1c Encourage students to talk about their own leisure-time spending and to draw comparisons, using the example and phrases they have just met to help them.

 2a Students copy the grid from the Students' Book and then listen to part one of the recording and complete the missing information.

Answers:
Kino: 68%, Klassische Konzerte: 29%, Musicals: 41%, Openairkonzerte: 40%, Oper: 23%, Theater: 55%

---

p 71, activity 2a

Teil 1
Welche Art von Kulturveranstaltung besuchen die Deutschen gern? Eine Umfrage unter etwa 2000 Personen ab 16 Jahren ergab folgende Resultate. An erster Stelle steht das Kino. 68% der Befragten sagten, dass sie manchmal oder öfters ins Kino gehen. Etwas mehr als die Hälfte der Befragten, 55%, gehen ins Theater. An dritter Stelle stehen Musicals – 41% der Befragten mögen diese Art von Unterhaltung. 40%, also nur ein Prozent weniger, besuchen gern Openairkonzerte. 29% sagten, dass sie gelegentlich oder öfter in klassische Konzerte gehen. Noch niedriger liegt die Zahl für die Oper: nur 23% nannten diese Art von Kulturveranstaltung.

 2b Students now concentrate on part two of the recording and decide whether the sentences are true or false. They correct any false statements.

Answers:
a *richtig*
b *richtig*
c *richtig*
d *falsch – 20-jährige lesen durchschnittlich 30 Minuten weniger als 15-jährige*
e *richtig*
f *falsch – die ältere Gruppe verbringt damit mehr als eineinhalb Stunden weniger*

---

p 71, activity 2b

Teil 2
Wie viel Zeit verbringen junge Deutsche mit verschiedenen Freizeitaktivitäten? In allen Altersgruppen stehen Fernsehen und Video oder DVD an erster Stelle. Jugendliche zwischen 12 und 18 Jahren verbringen durchschnittlich 14 Stunden pro Woche vor dem Fernseher. Leute von 18 bis 25 Jahren haben für diese Aktivität weniger Zeit – zwischen 11 und 12 Stunden pro Woche. Andererseits verbringt diese Gruppe pro Woche durchschnittlich viereinhalb Stunden im Kino, Theater oder Konzert. Bei den 12- bis 18-Jährigen liegt die Zahl dafür unter drei Stunden. Und wie ist es mit dem Lesen? Die jüngere Gruppe verbringt damit jede Woche durchschnittlich 2 Stunden 45 Minuten, die ältere Gruppe etwa eine halbe Stunde weniger. Beide

> Gruppen verbringen mehr Zeit damit, Bücher als Zeitschriften zu lesen.

3a Students conduct a survey about leisure activities. They can use the questions provided or formulate their own, but should be encouraged to design a structured questionnaire and consider how they will present the results (i.e. open-ended versus closed questions).

3b Students present the outcome of their survey. Depending on the types of questions used, they could include graphs or bar charts.

4 Students write a short protest letter about the closure of their local youth centre. Students could include the points listed in order to help them structure their letter.

Wochenende

Grammar focus
♦ Subordinating conjunctions

Materials
♦ Students' Book, pages 72–73
♦ CD 2, track 8
♦ Grammar Workbook page 74

1 Students have a brainstorming session to come up with at least 15 leisure activities. This could be organised as a competition.

2 Students read about the leisure activities of four German teenagers.

Answers:
a *Anne*
b *Klaus*
c *Ruth*
d *Philipp*
e *Nein, sie fährt mit dem Rad*
f *mit seiner Freundin*
g *nachdem er die Hausaufgaben gemacht hat*
h *weil sie Live-Musik am besten findet*

3a Students listen and make notes, using the grid provided as a guide.

Answers:
Nicki: Job: Restaurant; Arbeitszeiten / Wann: samstags 12–14 Uhr; Meinung: total gut, lernt so viele verschiedene Leute kennen, kann Englischkenntnisse anwenden; Hobbys: Lesen, Einkaufen, Tennis
Markus: Job: Skilehrer, hilft Bademeister im Freibad; Arbeitszeiten / Wann: Winter Ski, Sommer Freibad; Meinung: macht Spaß, toller Job (kostenlos im Schwimmbad); Hobbys: Musik, Fernsehen, Computer, Wintersport (Skilaufen und Snowboarding)

---

p 72, activity 3a

Interview 1
Int: Nicki, du machst dieses Jahr dein Abitur. Bleibt da überhaupt Zeit für Hobbys und Freizeit?
N: Ja, die Prüfungen im Sommer bedeuten schon, dass ich sehr viel lernen muss. Aber es bleibt doch noch etwas Zeit für meine Hobbys. Wenn man nämlich nur den ganzen Tag paukt und nichts anderes macht ist das auch nicht gut.
Int: Also, was machst du denn so in deiner Freizeit?
N: Obwohl ich Taschengeld bekomme, habe ich beschlossen, noch etwas Geld dazu zu verdienen, damit ich nächstes Jahr, wenn ich auf die Uni gehe, genug Geld habe. Deshalb arbeite ich jeden Samstag in einem Restaurant hier in der Stadt.
Int: Wie sind deine Arbeitszeiten?
N: Zwischen 12 Uhr und 14 Uhr servieren wir Mittagessen. Dann habe ich frei bis 17 Uhr und am Abend arbeite ich dann bis 23 Uhr. Da ist man anschließend ganz schön geschafft.
Int: Und macht die Arbeit Spaß?
N: Ja, ich finde meinen Job total gut, besonders weil man so viele verschiedene Leute kennen lernt. Manchmal kann ich sogar meine Englischkenntnisse anwenden, da wir öfter Gäste aus England oder Amerika haben. Ich hoffe auch, während der Sommerferien zu arbeiten, bevor ich mit meinen Freunden in Ferien fahre.
Int: Und Hobbys? Hast du auch Zeit dafür?
N: Eigentlich nicht besonders viel. Ich lese sehr gern, besonders als Entspannung, sobald ich meine Schularbeiten gemacht habe. Ansonsten gehe ich gern einkaufen, mit einer Freundin oder so, besonders im Schlussverkauf. Und samstags spiele ich ganz gern Tennis, um fit zu bleiben.
Int: Vielen Dank, Nicki und viel Glück fürs Abitur.

Interview 2
Int: Und jetzt zu dir, Markus. Du bist siebzehn, stimmt das? Wie sieht das bei dir aus? Hast du Zeit für Hobbys oder hast du zu viele Hausaufgaben?
M: Ich habe zwar Hausaufgaben, aber ich finde es wichtig, dass man auch Interessen außerhalb der Schule hat. Also, sobald ich von der Schule nach Hause komme, muss ich zuerst mein Mittagessen kochen, weil meine Mutter arbeitet und erst abends um fünf Uhr nach Hause kommt. Während ich esse, höre ich Musik und dann schaue ich, ob etwas Interessantes im Fernsehen kommt. Meistens aber läuft nichts und ich setze mich an den Computer. „Bundesliga Manager" finde ich nicht schlecht, obwohl ich mich

Einheit 5 Freizeit

> eigentlich nicht so sehr für Fußball interessiere.
> Int: Interessierst du dich überhaupt für Sport?
> M: Ja, sehr, aber am liebsten Wintersport, wie Skifahren und Snowboarding. Das ist echt cool.
> Int: Und am Wochenende? Hast du einen Samstagsjob?
> M: Also, meine Jobs sind saisonbedingt. Im Winter bin ich Skilehrer. Das macht echt Spaß, besonders natürlich, weil ich selbst so gern Ski fahre. Im Sommer helfe ich unserem Bademeister im Freibad. Ich habe letztes Jahr meinen Rettungsschwimmer gemacht, damit ich dazu qualifiziert bin. Das ist auch ein toller Job, finde ich, man kommt kostenlos ins Schwimmbad und wird dafür noch bezahlt.
> Int: Du bist ja ganz schön aktiv. Dann weiterhin viel Vergnügen.

3b Students listen to the interview with Nicki again and match the sentence halves.

Answers:
a 4 b 3 c 2 d 5 e 1

3c Students listen to the interview with Markus again and complete the true/false activity in order to test listening comprehension.

Answers:
a   F *(zuerst kocht er sein Mittagessen)*
b   R
c   F *(er interessiert sich eigentlich nicht so sehr für Fußball)*
d   F *(letztes Jahr hat er seinen Rettungsschwimmer gemacht)*
e   R

4 Students practise the vocabulary they have learnt by interviewing their partner about preferred leisure activities.

5 Students write an account of what they do in their free time. This could be a homework activity.

Grammatik

A Students pick out subordinating clauses in sentences in the texts on page 72.

Possible answers:
Wenn eine gute Band spielt und wir genug Geld haben, gehe ich mit meinen Freunden ins Konzert.
Wir setzen uns ans Flussufer und machen unsere Hausaufgaben, weil es zusammen mehr Spaß macht.
Obwohl ich nicht alle Asterix-Comics habe, kenne ich sie alle.
Seit ich einen Samstagsjob im Supermarkt habe, bleibt mir nicht viel Freizeit.

B Students select appropriate subordinating conjunctions to link the clauses.

Possible answers:
a   *obwohl*
b   *wenn*
c   *so dass*
d   *nachdem*
e   *wenn*

Film im 21. Jahrhundert

Skills focus
♦ Dealing with longer texts

Materials
♦ Students' Book, pages 74–75
♦ CD 2, track 9
♦ *Arbeitsblatt* 30

1 Students work in pairs to discuss the types of films they like or dislike and how and where they prefer watching them.

2 Students match the English and German vocabulary. This is preparation for listening activity 3.

Answers:
1 c   2 h   3 a   4 f   5 g   6 j   7 i   8 e   9 b   10 d

3 Students listen to the conversation and answer questions.

Answers:
a   *neu, unterhaltend, spannend, nicht ernst*
b   *Sie mag Computeranimation nicht.*
c   *Er mietet eine DVD.*
d   *Ja, manchmal sieht sie Filme, weil einer ihrer Lieblingsschauspieler darin spielt.*
e   *Die Geschichte ändert sich, weil alles sensationalisiert wird.*
f   *Sie sind oft sehr schön, obwohl sie ohne viele technische Hilfsmittel gedreht wurden.*
g   *Filme, die ihnen gefallen, sehen sie gern mehr als einmal.*

> p 74, activity 3
>
> Tanja: Ich gehe unheimlich gern ins Kino, vor allem, wenn ein Film mit einem meiner Lieblingsschauspieler läuft. Klassische Filme mag ich ganz gern, aber am liebsten sehe ich mir die neuesten Filme an. Für mich soll ein Film unterhaltend sein, das heißt spannend und nicht zu ernst. Was ich überhaupt nicht mag, sind

> computeranimierte Trickfilme. Die Technik ist sicher beeindruckend, aber

	menschlicheDarsteller und gut gefilmte Szenen sind mir lieber.
Oliver:	Bei uns im Kino laufen vor allem sehr kommerzielle, amerikanische Hollywood-Filme. Die konzentrieren sich auf ein oder zwei Stars, und man kann die Handlung oft schon voraussagen. Für das Geld, das eine Kinokarte kostet, kann ich mir eine DVD mieten und einen wirklich interessanten Film sehen. Es gibt so viele tolle Filme von weniger bekannten, deutschen oder ausländischen Filmemachern. Die werden jedoch viel seltener im Kino gezeigt, weil sie eben nicht genug Geld einbringen. Außerdem sind Filme auf DVDs in der Originalsprache mit Untertiteln statt auf Deutsch synchronisiert.
Tanja:	Nichts kann die Atmosphäre einer Vorführung im Kino ersetzen. Es ist so viel besser, einen Film auf der großen Leinwand statt auf dem kleinen Fernsehschirm zu sehen, besonders bei Landschaftsaufnahmen oder Massenszenen. Für alternative Filme finde ich DVDs jedoch nicht schlecht und auch dann, wenn ich mir einen Film zum zweiten oder sogar dritten Mal ansehen will. Manchmal, wenn ich für die Schule ein Buch lesen muss, sehe ich mir die Filmversion auf DVD an.
Oliver:	Filme, die mir gefallen, sehe ich auch gern mehr als einmal. Ich bin jedoch fast immer enttäuscht, wenn ich die Verfilmung eines Buchs sehe. Der Inhalt wird vereinfacht, alles wird sensationalisiert, und oft ist das Wichtigste der Geschichte weg. Sicher gibt es heute wunderbare Filme und viele talentierte Filmemacher. Früher hatte man nicht so viele technische Hilfsmittel; trotzdem gibt es ganz tolle alte Schwarzweißstummfilme.

4 Students work in pairs to discuss the advantages and disadvantages of seeing a film at the cinema or on DVD. They then present their ideas to the rest of the group.

5a Students read the text for gist and then match a suitable heading to each paragraph.

Answers:
a 7   b 1   c 4   d 6   e 2   f 8   g 5   h 3

5b Students read the text again and then answer the questions.

Possible answers:
a *nur ein paar Sekunden, weniger als eine Minute*
b *alltägliche Szenen, Szenen aus dem Alltag*
c *Die Filmindustrie war erfolgreich; man produzierte ca. 500 Filme pro Jahr; es gab etwa 3000 Kinos*
d *Marlene Dietrich*
e *kritische, experimentelle und ausländische Filme*
f *Heimatfilme waren zu konventionell, sie handelten nicht von interessanten Themen*
g Good-bye Lenin *und* Das Leben der Anderen
h *Das nationalsozialistische Regime verbot ihre Arbeit; unter dem nationalsozialistischen Regime konnten sie nicht frei arbeiten*

6 Students choose one of the topics listed to write a short report (approx. 150 words). They should include some of the ideas and vocabulary presented on pages 74–75.

Tipp

A Students skim through the text *Film in Deutschland* on page 75 and try to work out the general theme. They should try to focus on the vocabulary they **know**, rather than looking at unfamiliar words. Encourage them to look out for cognates, or words which might be related.

B They should then do the gist reading activity 5a to help them understand the focus of the paragraphs.

[A 30] **C** Students do the activities on *Arbeitsblatt* 30.

D Students now do activity 5b for a more detailed understanding of the text.

E Remind students to keep grammar in mind and make sure they know what type of word they are looking at (i.e. verb, adjective or noun) and what tense the text or sentence is written in. They could do activity 5b for a more detailed understanding of the text.

F Students can use a dictionary to look up new words, if there are still sentences they do not understand.

Musik – klassisch bis modern

Grammar focus
◆ Relative pronouns

Skills focus
◆ Improving writing skills

Einheit 5 Freizeit

Materials
- Students' Book, pages 76–77
- CD 2, track 10
- *Arbeitsblatt* 26
- Grammar Workbook page 35

1 Students work in pairs and use the questions listed to structure a discussion on what music they like and what their listening habits are.

2 Students listen to the recording and decide if the sentences are true or false and correct any false sentences.

Answers:

a *richtig*

b *falsch – Mozart ist sehr jung gestorben.*

c *richtig*

d *falsch – Johannes Brahms hat das „Deutsche Requiem" komponiert.*

e *falsch – Er war in Clara Schumann verliebt, aber sie war schon verheiratet.*

f *richtig*

---

p 76, activity 2

Presenter: Willkommen zu unserem Musikprogramm *Klassik für die Jugend* mit Marianne Gerber und Peter Stark! Unser Thema heute: Komponisten aus deutschsprachigen Ländern.

Marianne: Es ist wirklich erstaunlich, wie viele Komponisten aus Deutschland und Österreich kamen! Vielleicht kennen Sie die *Brandenburger Konzerte* von Johann Sebastian Bach, dem berühmtesten Komponisten des Barock. Obwohl seine Musik in Kirchen gespielt wurde, werden einige seiner Stücke noch heute von Jazzmusikern adaptiert. Zu seinen Lebzeiten war Bach vor allem als guter Organist bekannt. Georg Friedrich Händel arbeitete zur selben Zeit. Er kam aus Deutschland und studierte in Italien. Ab 1716 lebte er in England, wo er für König Georg den Ersten Musik schrieb, zum Beispiel die *Wassermusik*. Die Engländer liebten seine Musik...

Peter: ... ich finde sie auch wunderbar. Jetzt kommen wir zum Vater der Sinfonie, Joseph Haydn. Er schrieb 104 Sinfonien, 12 Messen, 67 Streichquartette und unterrichtete auch die jüngeren Komponisten Mozart und Beethoven. Wolfgang Amadeus Mozart war ein Genie! In seinem kurzen Leben schrieb er Hunderte von Stücken, darunter auch die *Kleine Nachtmusik* – wer kennt sie nicht? Die eindrücklichsten Werke Ludwig van Beethovens sind vielleicht die *Missa Solemnis* und seine neun Sinfonien. Die Ode an die Freude, Teil der 9. Sinfonie, ist das offizielle Musikstück der Europäischen Union. Franz Schuberts Werke sind auch erstaunlich. Er komponierte zum Beispiel mehr als 600 Lieder. Viele, zum Beispiel die *Winterreise*, sind sehr emotional und romantisch.

Marianne: Einen ganz anderen Stil hatte Johann Strauss aus Wien, manchmal der König des Walzers genannt. Früher tanzte man oft zu Walzern. *Die Blaue Donau* wird auch heute noch sehr oft gespielt. Johannes Brahms war nur ein paar Jahre jünger als Johann Strauss. Er komponierte das *Deutsche Requiem* und auch viele Lieder, Kammermusik und Konzerte. Brahms verliebte sich in Clara Schumann, die ausgezeichnet Klavier spielte und auch komponierte. Sie war aber schon verheiratet, und zwar mit Robert Schumann, dem bekannten romantischen Komponisten.

Peter: Ja, Schumann war wirklich ein Romantiker. Schade, dass er so jung gestorben ist. Richard Wagner, drei Jahre später geboren, war und ist eine kontroverse Figur. Seine langen Opern, zum Beispiel der Ring des Nibelungen, basieren auf alten deutschen Legenden. In Bayreuth, wo Wagner lebte, gibt es jedes Jahr Opernaufführungen. Gustav Mahler, 1860 bis 1911, lebte zwischen dem Ende der Romantik und dem Beginn der Moderne. Ganz modern war die neue, experimentelle Musik von Arnold Schoenberg, der von 1874 bis 1951 lebte. Viele akzeptierten seine neue Musikform nicht. Während der Nazizeit musste er Österreich verlassen und nach Amerika emigrieren.

Presenter: Frau Gerbert, Herr Stark – vielen Dank. Unseren Zuhörern wünsche ich viel Spaß beim Musikhören. Bis nächste Woche ...

Extra! Students listen again and do the music quiz on *Arbeitsblatt* 26.

A 26

3 Students read the notes on three representatives of modern-day music and then match the sentence halves.

Answers:

1 d   2 g   3 h   4 j   5 b   6 c   7 a   8 f   9 e   10 i

Grammatik

A Students translate the relative clauses from activity 3 into English.

Answers:
1 *Wolf Biermann is a songwriter who is politically involved.*
2 *He moves to East Germany which is a Communist country at the time.*
3 *Honorary citizenship of Berlin is a prize Biermann was awarded in 2007.*
4 *Nina Hagen is an eccentric person who is fairly shocking.*
5 *„Du hast den Farbfilm vergessen" is the song which made her famous.*
6 *Nina Hagen has a voice which is very powerful.*
7 *„Guten Tag" is a song which reached number 6.*
8 *„Wir sind Helden" is a band whose lead singer is Judith Holofernes.*
9 *They give concerts which are always sold out.*
10 *In Germany there are many people who listen to English pop music.*

B Students look at the texts on page 76 and complete these sentences with the correct relative pronoun.

Answers:
a *der* **b** *das* **c** *den* **d** *die* **e** *deren*

4a Students find information about a musician or singer of their choice and make notes. They should use German websites, such as those suggested, to help them in their research.

4b Students give a short presentation on the musician/singer they have researched, using the notes they made.

Tipp

A Students try to think of another way of saying *im Fernsehen gezeigt?*

Possible answer:
im Fernsehen gesendet

B Students translate the sentence into German.

Possible answer:
Obwohl sie Folksängerin ist, ist Judith Holofernes jetzt the Leadsängerin von Wir sind Helden.

C Students change the word order for *‚Unbehagen' ist eines ihrer bekanntesten Alben.*

Possible answer:
Eines ihrer bekanntesten Alben ist „Unbehagen".

D Students add appropriate adjectives to the phrase given.

Possible answer:
Sein großes, sensationelles, unvergessliches, einmaliges, wunderbares Konzert ...

E Students translate the sentence.

Possible answer:
Wolf Biermann, der sehr bekannt ist, gewinnt viele Preise.

5 Students read the *Tipp* section and then write the biography of a famous musician. They should use the texts on page 76 and the notes they have made in activity 4 to help them. They should include at least two sentences containing relative pronouns.

Kulturszene

Grammar focus
♦ Indefinite pronouns

Key language
♦ Wie wäre es mit … ?
♦ Wie findest du … ?
♦ Hast du Lust …?
♦ Wir könnten …
♦ Sollen wir … ?

Materials
♦ Students' Book, pages 78–79
♦ CD 2, track 11
♦ *Arbeitsblatt* 27
♦ Grammar Workbook page 38

1 Students decide which category each word fits into. They may need to check the meaning of some words beforehand.

Answers:
Architektur: *Schlösser, Palais, Kirchen, Denkmäler*
Literatur: *Bücher, Dichter, Schriftsteller, Autobiografie, Poesie, Roman*
Kunst: *Fotografie, Pop-Art, Gemälde, Skulptur, Ausstellungen, Maler*

2a Students read what the teenagers say about culture and find an appropriate title for each text.

2b Students find the appropriate German equivalents in the text.

Answers:
a *Berlin bietet für jeden etwas*
b *wenn es um Kultur geht*
c *was mir an Berlin so gut gefällt*
d *mein Geschmack ist das nicht so*
e *es kommt darauf an*
f *auf … steh' ich nicht so sehr*
g *zu anstrengend*

Einheit 5 Freizeit

h *bodenständig*
i *Die Stimmung ist spitze*
j *total doof finden*

2c Students re-read the text and make notes about what each teenager regards as culture.

Answers:
Gabi: *experimentelles Theater und Filme der Avantgarde, Literatur, Kunst, Musik und Jazz aus aller Welt.*
Thomas: *Komödien, Unterhaltungsfilme, Stadtfest – Musik zum Tanz und zur Unterhaltung.*
Karina: *Goethe, klassische Musik, Schauspiele (Brecht), Oper.*

 3 Students listen and use the words in the box to answer the questions.

Answers:
a *Das Deutsche Theater*
b *Alte Nationalgalerie*
c *die Museumsinsel*
d *ein Busbahnhof*
e *Haus am Checkpoint Charlie*
f *der Reichstag*

---

p 79, activity 3

Berlin, die Theatermetropole Deutschlands, ist ideal für Theaterliebhaber. Besuchen Sie das legendäre Berliner Ensemble, von Bertolt Brecht gegründet. Hier wurde im Jahr 1928 sein berühmtes Stück *Die Dreigroschenoper* uraufgeführt. Das Deutsche Theater bietet oft klassische Stücke, zum Beispiel von Friedrich Schiller, während im Maxim-Gorki-Theater eher Stücke zeitgenössischer Autoren aufgeführt werden. Die Volksbühne hat ein jüngeres Publikum …

Berlin bietet Musik für jeden Geschmack. Die Berliner Philharmoniker, das weltbekannte Orchester, viele Jahre lang vom Dirigenten Herbert von Karajan geleitet, spielen in der Philharmonie. Dieses Konzertgebäude wurde eigens für das Orchester gebaut. Wenn Sie Musik und Theater verbinden wollen, besuchen Sie die Komische Oper! Oder interessieren Sie sich eher für alternative Kultur? Die Arena, früher ein Busbahnhof, bietet verschiedene Theaterproduktionen sowie Pop- und Jazzkonzerte. Auch in den Hackeschen Höfen herrscht ein reges Nachtleben und man kann dort Musik aus aller Welt hören, zum Beispiel aus Russland, Afrika …

Die Auswahl an Museen ist enorm. Die Museumsinsel an der Spree ist einer der größten Museumskomplexe Europas und wurde 1999 von der UNESCO als Weltkulturerbe anerkannt. In der Alten Nationalgalerie kann man französische Impressionisten und Gemälde aus der Romantik,

---

beispielsweise von Caspar David Friedrich, sehen. Archäologische Funde aus der Antike und Asien finden Sie im Pergamonmuseum. Wer sich für die Geschichte der Berliner Mauer interessiert, besucht das Haus am Checkpoint Charlie und die East Side Galerie. Das Jüdische Museum informiert über den Holocaust und ist ein sehr eindrückliches Gebäude, vom Architekten Daniel Libeskind entworfen. Moderne Architektur ist in Berlin überall zu sehen. Verpassen Sie es nicht, den Reichstag zu besuchen und die riesige Glaskuppel des britischen Architekten Sir Norman Foster zu bewundern. Weitere Informationen erfahren Sie …

4 Students work with a partner to plan a cultural weekend in their area. They should make use of the phrases given in the *Hilfe* box.

5 Students write a summary of cultural events and places in their own area, using expressions from the texts on page 78. This could be a homework activity.

  Students do the activities on *Arbeitsblatt* 27.

Grammatik

A Students translate the sentences to test their comprehension of indefinite pronouns.

Answers:
a *We / They had not expected so many visitors.*
b *Somebody showed me the picture in the paper.*
c *No one has read the new book yet.*
d *But one of us must read it.*
e *Nobody likes the new underground cinema.*

B Students select the appropriate pronoun.

Answers:
a *Keiner (or: Niemand)*
b *etwas*
c *man*
d *Eines*
e *jemanden*
f *nichts*

C Students practise writing sentences with indefinite pronouns.

Answers:
a *Jeder findet etwas zu tun oder zu sehen.*
b *Niemand hat den neuen Film gesehen.*
c *Benjamin Lebert schreibt für jeden.*
d *Es gab nichts für Kinder.*

D Further practice with indefinite pronouns.

Grammatik aktuell

Grammar focus
- Subordinating conjunctions
- Relative pronouns
- Indefinite pronouns

Materials
- Students' Book page 80
- Grammar Workbook pages 35, 38, 74

1A Students form one longer sentence from the two short ones, using the subordinating conjunction in brackets.

Answers:
a *Während die Nationalsozialisten an der Macht waren, wurden Filme zensiert.*
b *Obwohl die ersten Filme kurz waren, waren sie sehr beliebt.*
c *Die Leute gingen früher oft ins Kino, weil es billig war.*
d *Nachdem Fritz Lang auswandern musste, arbeitete er in Hollywood.*
e *Als die ersten Tonfilme produziert wurden, filmte man Musicals.*
f *Es gibt heute modern Computerprogramme, so dass man viele Animationen kreieren kann.*

2A Students join the two sentences together with the correct relative pronoun.

Answers:
a *Ich habe ein Buch gekauft, das sehr spannend ist.*
b *Ich habe einen Job im Supermarkt, der ganz in der Nähe ist.*
c *Ich habe eine Freundin, deren Bruder Fußballfan ist.*
d *Gestern haben wir einen Film gesehen, den wir sehr lustig fanden.*
e *Unsere Lehrer geben uns viele Hausaufgaben, die immer langweilig sind.*
f *Ich gehe mit meiner Schwester, die sehr sportlich ist, radfahren.*

3A Students choose the correct pronoun in each sentence.

Answers:
a *niemand*
b *einer*
c *man*
d *niemandem*
e *keiner*
f *jeden*

3B Students complete the sentences with an indefinite pronoun.

Answers:
a *etwas* or *nichts*
b *nichts* or *etwas*
c *man* or *niemand* or *keiner*
d *jemandem* or *niemandem*
e *jeden* or *niemanden*
f *Niemand* or *Man* or *Keiner*

Zur Auswahl

Skills focus
- Pronunciation of *s*, *ß*, *st*, *sp*

Materials
- Students' Book page 81
- Solo CD, tracks 11–13

1 Students read about a dance project for young people, which was organised by Sir Simon Rattle and the *Berliner Philharmoniker*, together with schools in socially-deprived areas of Berlin. They then choose the correct word in each sentence.

Answers:
a *Dirigent*
b *ein Orchester*
c *teilweise*
d *Die meisten*
e *proben*
f *Tänzern*

 2 Students listen to a conversation between two teenagers and answer the questions.

Answers:
a *im neuen Museum*
b *Zeichnungen und Collagen*
c *es ist teuer und sehr traditionell*
d *billige/verbilligte Karten*
e *weil er in einem Orchester Geige spielt*
f *afrikanische und asiatische Musik*

---

page 81, activity 2

Kai: Sag mal, Annika, kennst du das neue Museum? Ich war letztes Wochenende dort und habe viele Bilder und Skulpturen gesehen, die ich wirklich schön finde.

Annika: Museen interessieren mich eigentlich nicht, und ich finde es auch langweilig, dass dort alles so ruhig und ernst ist. Man darf kaum sprechen! Ich schaffe lieber meine eigene Kunst – ich zeichne viel und mache Collagen – das macht großen Spaß.

Einheit 5 Freizeit

Kai:	Das ist toll – aber du könntest trotzdem mal mit mir ins Museum kommen. Oder gehst du lieber ins Theater? Das mag ich nämlich auch sehr gern.
Annika:	Ich weiß nicht … Werden da nicht nur sehr traditionelle Stücke gespielt, von Goethe zum Beispiel? Und außerdem ist es so teuer.
Kai:	Nein, im Stadttheater können Schüler und Studenten billige Karten kaufen. Oft gibt es dort ganz modernes und experimentelles Theater, auch Übersetzungen von englischen Autoren. Vor ein paar Wochen wurde ein wirklich lustiges Stück von Tom Stoppard aufgeführt.
Annika:	Wenn es unterhaltend ist, finde ich es meistens auch gut. Was mir aber am allerbesten gefällt, sind Musicals. Ich habe *Cats* und *Les Misérables* gesehen. Die Musik, die Kostüme, die Tänzer und Sänger – alles war ganz toll! Welche Musicals kennst du?
Kai:	Im Fernsehen habe ich mal *Grease* gesehen. Die Musik fand ich gut, aber der Inhalt, hmm … So eine einfache Liebesgeschichte, in der man schon voraussagen kann, dass es ein glückliches Ende gibt.
Annika:	Du bist eben nicht romantisch, Kai! Aber wenigstens hat dir die Musik gefallen. Was für Musik hörst du denn normalerweise?
Kai:	Am liebsten Jazz und Rockmusik aus den sechziger und siebziger Jahren. Da ich im Orchester Geige spiele, höre ich natürlich auch klassische Musik.
Annika:	Klingt gut. Aber findest du es nicht schade, dass man im Radio so wenig afrikanische oder asiatische Musik spielt? Diese Art von Musik mag ich am liebsten.

3a Students imagine that they are organising a project similar to the one described in the text. They should be encouraged to produce and record a lively advertisement to be broadcast by the local radio station. The advertisement should include the information listed.

3b Students then write an article about the project for the local newspaper.

Gut gesagt!

 A Students listen to the words and repeat them.

p 81, activity A

Sonntag
sein
Stein
Straße
Fußball
Spaß
Sorge
Pass
Staatsangehörigkeit
Statistik

 B Students practise the tongue twister and then listen to it before trying again.

p 81, activity B

Am Sonntag sitzt sein Sohn auf der Straße in der Stadt, sonst strickt er Socken, spielt Fußball und sammelt Steine.

Das Alltägliche   Einheit 6

Unit objectives
By the end of this unit students will be able to:
- Talk about housing and student housing issues
- Discuss aspects of shopping
- Talk about transport issues
- Discuss patterns of living
- Talk about military service and alternative choices

Materials
- CD 2, track 12

Grammar
- Use adverbs
- Use the imperfect tense
- Form comparatives and superlatives

Skills
- Work with synonyms and antonyms
- Speak from notes

Pages 82–83

1a A quiz for students to match pictures to concepts.

Answers:
a 8
b 2
c 3
d 5
e 6
f 4
g 7
h 1

1b Students number the concepts according to their opinion of each one's importance.

1c Students note down two additional concepts of their own choosing.

1d Students work with a partner and discuss their ideas.

 2 Students listen to find the answers.

Answers:
a *Jens – e, positiv*
b *Karin – g, negativ*
c *Elke – d, positiv*
d *Manni – f, positiv*
e *Stefan – a, positiv*

---

p 82, activity 2

a Ich bin der Jens und ich interessiere mich sehr fürs Thema Umweltschutz. Ja, es gibt noch viel zu erledigen, aber ich bin sicher, dass die meisten Leute das jetzt begreifen und sind also bereit, das zu tun, was getan werden muss – recyceln, weniger fliegen und alle diese Sachen. Wenn wir es schaffen, kann die Zukunft sehr reizvoll sein.

b Ich heiße Karin. Ich denke, wir kaufen alle ziemlich viel ein, ich meine im Vergleich zu Leuten in vielen anderen Ländern der Welt, aber ich finde nicht, dass wir genug tun für diejenigen in Afrika oder Asien, deren Produkte wir kaufen. Viele Leute kaufen gar keine gerecht gehandelte Produkte. Wenn ich daran denke, wie viele Leute immer noch normalen Tee und Kaffee kaufen, statt fair gehandelten, dann frage ich mich, wie lang das alles dauern wird.

c Mein Name ist Elke und meiner Meinung nach ist die Arbeit wohl eine der wichtigsten Sachen im Leben. Man verbringt so viel Zeit beim Arbeiten und nur, wenn man gut bezahlt wird, kann man das Leben richtig genießen. Ich bin froh, dass ich gute Perspektiven habe und dass ich in der Zukunft ziemlich gut verdienen werde. Geld ist nicht alles, aber ohne Geld würde ich bestimmt nicht so froh sein!

d Ich heiße Manni und mein größter Wunsch ist einen eigenen Wagen zu haben. Ich freue mich schon auf die Freiheit und die Unabhängigkeit. Ich werde endlich in der Lage sein, dorthin zu fahren, wohin ich will. Es wird ganz toll sein. Ich werde viel mit Freunden herumfahren und das wird uns sicher Spaß machen. Ich kann kaum warten!

e Eines Tages – und ich hoffe bald – werde ich, Stefan, eine eigene Wohnung haben. Das wird natürlich mehr Arbeit sein, aber es gibt eine Menge Vorteile. Aufstehen und ins Bett gehen, gerade wenn ich will, selbst kochen und nur wenn ich Hunger habe, Freunde einladen, wenn ich einfach dazu Lust habe. Ja, ich freue mich wirklich auf die ganze Freiheit!

3a Students read the three texts.

3b Students write one sentence with their own definition of routine.

4a Students make notes, imagining daily life as experienced by one of the people in the box.

4b Students use their notes to describe various routines and then try to guess each other's person in a whole-class discussion.

Einheit 6 Das Alltägliche

Ein Dach über dem Kopf

Grammar focus
- Adverbs

Materials
- Students' Book, pages 84–85
- CD 2, track 13
- *Arbeitsblatt 31*
- Grammar Workbook, page 27

1 A group activity where students discuss where they live now and where they would like to live if they go to university. They should mention the advantages and disadvantages of living apart from their family.

2 Students listen to the interview and complete the sentences.

Answers:
a *importiert*
b *Studentenwohnungen*
c *Spaceboxes*
d *Quadratmeter*
e *man braucht*
f *Wohnwürfel*
g *Studenten (in ihre Wohnwürfel) einziehen*

---

p 84, activity 2

Int. Also hier in München wird man bald neue, ganz eigenartige Studentenwohnungen bauen, und zwar sehr kleine. Wer hat die Idee gehabt?

Arch. Die Idee haben wir aus Holland importiert! Dort hat es auch einen Mangel an bezahlbaren Studentenwohnungen gegeben und ein niederländischer Architekt, Mart de Jong, arbeitet schon einige Jahre daran, eine Lösung zu finden. Und seine Lösung heißt ‚Spaceboxes'!

Int. Und was sind denn überhaupt diese ‚Spaceboxes'?

Arch. Das sind kleine, stapelbare Wohnräume für Studenten. Die gibt es schon in mehreren holländischen Städten und sie sind sehr beliebt. Der Bewohner hat 17 Quadratmeter zur Verfügung, was eigentlich nicht sehr viel ist, aber sie sind so gut geplant, dass man dort alles findet, was man braucht: Bett, Schreibtisch, Küche, Essecke, Dusche und Klo.

Int. Schlau!

Arch. Sehr schlau! Wir waren hier in München von der Idee sehr begeistert, denn bei uns gibt's auch schwere Probleme mit Studentenwohnungen. Wir haben unsere eigenen Spaceboxes entworfen und bei uns werden sie anders heißen. Wir nennen sie

---

Wohnwürfel und im kommenden Studienjahr werden die ersten Münchner Studenten in ihre Wohnwürfel einziehen.

3a Students make notes to include the following:

Answers:
Practical details: measures 2.66 cubic metres, foldaway bed and table, shower in the entrance hall.
Cost: currently 35,000 Euros, but will get cheaper when mass-produced.

3b Students make a list of all underlined words with their English meaning.

Answers:
entworfen – designed
der Wohnraum(¨e) – living space
die Mangelware – a shortage item
nach oben klappen – to fold up
im Eingangsbereich(e) – in the entrance hall
die Wohneinheit(en) – living unit / flat
ein/ziehen – to move in

4a Students list the three alternatives for student accommodation.

Answers:
Studentenwohnheim, WG, eigene Wohnung

4b Students copy and complete the table.

Answers:

Was?	Vorteile	Nachteile
Studentenwohnheim	billig	-
	Internet – schnell und billig	
WG	neue Freunde	teurer als im Studentenwohnheim
eigene Wohnung	bequem	sehr teuer
	keine Störungen	einsam

Grammatik

A Students underline the adverb or adverbial phrase in each sentence and translate them.

Answers:
a *bequem,* comfortably
b *bald,* soon
c *in der Regel,* generally
d *tief,* deep
e *ab sofort,* right now

B Students translate the sentences into German.

Das Alltägliche Einheit 6

Answers:

a *Du sollst bald dorthin gehen!*
b *Zieh bald in eine neue Wohnung ein und du wirst unabhängig leben.*
c *Studenten entschließen sich oft, in einer WG zu leben.*
d *Ich werde morgen mit Freunden eine Wohnung anschauen.*
e *In einem Studentenwohnheim kannst du das Internet oft schnell und billig benutzen.*

5 Students write an information leaflet for new students coming to Munich.

  Students do the activities on *Arbeitsblatt* xx1.

Einkaufen und nochmals einkaufen

Grammar focus
♦ The imperfect

Materials
♦ Students' Book, pages 86–87
♦ *Arbeitsblatt* 24, 32
♦ Grammar Workbook, page 54

1a In pairs, students ask and answer questions about shopping.

1b Students summarise their partner's views on shopping and present them to the whole class.

2 Students read the texts and answer the questions.

Answers:

a *In der Stadt und im Internet.*
b *Sie kann die Preise vergleichen, sie hat eine große Auswahl und es ist einfacher.*
c *Sie arbeitet, um Geld zu verdienen.*
d *Nein, sie findet das zu teuer.*
e *Nicht sehr wichtig.*
f *Er tauschte mit Freunden.*
g *Es gab weniger Markenkleidung damals / Man fand sie damals nicht wichtig.*
h *Sie geben mehr Geld für Kleidung aus und gehen öfter einkaufen.*
i *Es war früher nicht so wichtig.*

Grammatik

A Students re-read Gerd Müller's text and write out ten examples of verbs in the imperfect.

Answers:

war, trug, hatte, kostete, kaufte, interessierte, bekam, weitergab, gab, fand, gab (aus), ging

B Students fill in the gaps with the correct form of the imperfect tense of the verb in brackets.

Answers:

a *kaufte*
b *hatte*
c *fand*
d *tauschte*
e *interessierten*
f *hatten*
g *gingen*

A 24 Students do the activities on *Arbeitsblatt* 24.

3a Students write an appropriate sub-heading for each opinion.

3b Students find the German equivalents for the English phrases in the text.

Answers:

a *Entwicklungsländer*
b *fair gehandelte Produkte*
c *bessere Lebensbedingungen*
d *eine gerechte Entlohnung*
e *menschenwürdig*
f *ein Zuschlag*
g *Mitleidskäufe*

3c Students write down three reasons to buy fair trade products and discuss them with a partner.

As an extra activity, or possibly for homework, students prepare a short piece and present it to the whole class. Students then vote for the most interesting presentation and the best delivery. Possible themes are as follows:

♦ *Materialismus in der heutigen Welt*
♦ *Die Vorteile (oder Nachteile) des Internetshoppings*
♦ *Einkaufen in früheren Zeiten*
♦ *Argumente für gerechten Handel*
♦ *Wie wichtig ist die ‚richtige' Marke?*
♦ *Einkaufen am Sonntag – warum nicht?*
♦ *Es gibt ja andere Dinge im Leben als Shopping!*

A xx2 Students listen to opposing opinions and do the activities on *Arbeitsblatt* xx2.

Mobilität

Grammar focus
♦ Comparative and superlative

Skills focus
♦ Synonyms and antonyms

Einheit 6 Das Alltägliche

Materials
- Students' Book, pages 88–89
- CD 2, track 14
- *Arbeitsblatt* 25
- Grammar Workbook, page 28

1 As an introduction to the topic of transport, students match each photo to the appropriate caption.

Answers:
1 *a*
2 *c*
3 *d*
4 *b*

2a Students listen to the recording and answer the questions.

Answers:
a *Nein, er fährt lieber mit den öffentlichen Verkehrsmitteln.*
b *Mit der U-Bahn und der Straßenbahn.*
c *Er fliegt.*
d *Mit dem Auto.*
e *Ihre Unabhängigkeit.*
f *Sie fährt mit Freunden zusammen und sie benutzt bleifreies Benzin.*

	p 88, activity 2a
Karsten	Alle meine Freunde wollen ein eigenes Auto, aber ich verstehe nicht warum. Ich wohne in der Großstadt München, wo die öffentlichen Verkehrsmittel zuverlässig und – für Studenten zumindest – nicht allzu teuer sind. Ich fahre meistens mit der Straßenbahn und der U-Bahn im Stadzentrum herum und das ist praktischer als mit dem Auto zu fahren – ich brauche kein Benzin und keinen Parkplatz. Und wenn ich mal in den Urlaub will, kann ich fliegen. Ein eigenes Auto ist teuer und ich glaube, meine Lösungen sind billiger und nicht so stressig!
Jutta	Unterwegs sein macht mir großen Spaß und ich bin sehr stolz, Autobesitzerin zu sein. Ich kann fahren, wann und wohin ich will, und diese Unabhängigkeit ist mir wichtig. Ja, die Argumente über Kosten und Umwelt kenne ich, aber wenn ich fahre, nehme ich oft Freunde mit und das spart allen Geld. Sonst würden wir wahrscheinlich alle allein fahren und das wäre schlechter für die Umwelt. Ich benutze auch bleifreies Benzin und das ist nicht so umweltschädlich wie normales Benzin! Die Umwelt ist wichtig, aber meine Freiheit ist wichtiger!

2b Students listen again and complete the sentences.

Answers:
a *praktischer*
b *billiger / stressig*
c *schlechter*
d *umweltschädlich*
e *wichtiger*

Grammatik

A Students complete the sentences with the appropriate comparative form of the adjectives in the box.

Answers:
a *billiger*
b *unabhängiger*
c *stressig*
d *umweltfreundlicher*
e *umweltschädlich*

B Students put the adjectives into the superlative form.

Answers:
a *besten*
b *schlechtesten*
c *teuersten*

3 In small groups, students discuss the advantages and disadvantages of different types of public and private transport.

4 Students write five answers to the question "When is it dangerous to drive a car?" and then compare them with a partner.

5a Students order the sentences according to when they occur in the text.

Answers:
d, a, b, f, e, c

5b Students list all the factors which make driving dangerous and translate them into English.

Tipp

A Students find a synonym for each of the expressions:

Answers:
a *exzessiv*
b *fatal*
c *mangelnd*
d *am Steuer*

72

B Students find an antonym for each of the expressions.

Answers:
a *früher*
b *zurückgegangen*
c *häufig*
d *erhöht*

C Students think of as many pairs of synonyms as possible in two minutes.

D Suggest to students that they start a section in their vocabulary notes for synonyms and antonyms and add to it as new ones occur.

6 Students write approximately 200 words giving their views on the theme of "Mobility in the modern world". They should be encouraged to draw upon the ideas and vocabulary covered on pages 88–89.

A 25 Students do the activities on *Arbeitsblatt 25*.

Dein Leben? Deine Wahl!

Skills focus
♦ Speaking from notes

Materials
♦ Students' Book, pages 90–91
♦ CD 2, tracks 15–16
♦ *Arbeitsblatt 23*

1 Students choose from the list ten phrases which are important to them and list them in order of importance. They then compare lists with a partner. As an extension exercise, they could be asked to give reasons for their opinions.

2a In a group, students look at the photos of young people. Using the questions to guide them, and avoiding stereotyping, they should speculate what the interests and attitudes of the people depicted might be. Once they have completed the listening activity, they could say whether the prediction they made was similar to or different to what was said in the listening passage.

2b Students listen to Ergan and Svenja and note whether the sentences listed are true or false.

Answers:
a *falsch*
b *falsch*
c *richtig*
d *richtig*
e *richtig*
f *falsch*

> p 90, activity 2b
>
> Ergan Mein Name ist Ergan und ich bin 17 Jahre alt. Nach dem Abitur werde ich Medizin studieren. Ich möchte anderen Menschen helfen – viel Geld verdienen ist nicht wichtig. Vielleicht werde ich in der Türkei als Arzt arbeiten. Meine Eltern sind türkische Immigranten. Sie sind etwas konservativ, aber ich respektiere sie. Wenn ich Kinder habe, sollen sie viel über türkische Traditionen lernen.
>
> Svenja Ich heiße Svenja und bin auch 17 Jahre alt. Nach der Schule möchte ich nach Südamerika oder Indien fahren, also muss ich schnell Geld verdienen. Später suche ich mir einen Job, in dem ich arbeiten kann, wie ich will. Er muss gut bezahlt sein, damit ich ein Auto kaufen kann. Ich weiß nicht, ob ich heiraten werde. Im Moment finde ich es toll, dass ich viele gute Freunde habe.

2c Students decide which of the phrases from activity 1 apply to Ergan and which apply to Svenja.

Answers:
Ergan: Karriere machen; Menschen helfen; Kinder haben; Kultur bewahren
Svenja: reisen; reich warden; selbstständig sein; Freunde haben

3a Students find out about military service and civil service in Germany. If necessary, they can use a dictionary.

3b Students listen to the recording and complete the sentences.

Answers:
a *der Schweiz*
b *17/9 Monate*
c *gesundheitlichen Gründen*
d *gegen die Idee einer Armee ist*
e *Zivildienst*
f *Krankenhäusern/(mit Behinderten)/Umweltschutz*
g *Wehrpflicht*
h *den Beruf der/einer Soldatin wählen*
i *dieselben Positionen in der Armee wie Männer*

> p 90, activity 3b
>
> **Wehrpflicht und Zivildienst in der Bundesrepublik**
> Wie in einigen anderen europäischen Ländern, zum Beispiel in Österreich und der Schweiz, besteht in Deutschland die allgemeine Wehrpflicht. Das heißt: Die meisten jungen Männer ab 17 Jahren müssen für neun Monate als Soldat zur Bundeswehr. Man kann aus gesundheitlichen Gründen vom

Einheit 6   Das Alltägliche

> Wehrdienst befreit werden. Manche verweigern den Wehrdienst, weil sie gegen die Idee einer Armee sind. Wer nicht mit Waffen umgehen will, hat eine Alternative: Er kann Zivildienst leisten. ‚Zivis' (Zivildienstleistende) arbeiten zum Beispiel in Krankenhäusern, mit Behinderten oder im Umweltschutz. Für junge Frauen gibt es keine Wehrpflicht, aber sie können den Beruf der Soldatin wählen. Früher durften Frauen nur Verwaltungsarbeiten ausführen oder im medizinischen Bereich bei der Bundeswehr arbeiten. Seit dem Jahr 2001 haben sie das Recht auf dieselben Positionen in der Armee wie Männer.

4a   This activity presents four different opinions on the issue of military service and the alternative, as well as touching on the issue of girls' responsibilities. Students decide who they agree with.

4b   Students note down 8–10 new words from the text.

5a   Guided by the question, and using the vocabulary they have read or heard, students prepare a short presentation giving the advantages and disadvantages of military or social service, and which they would choose.

5b   Students make their presentation to other members of the class.

Tipp

A   Students imagine that they have the choice of spending a year as a soldier or as a care assistant in an old people's home and must decide which is more appealing. As a class, have a brainstorming sesion, and write down in German in a spider diagram everything students think of for both options.

6   Students write an article giving their personal opinions on which is better: military or social service. They should be encouraged to draw upon the ideas and vocabulary covered on pages 90–91.

A 23   **Extra!**   Students complete the activities on *Arbeitsblatt* 23.

Grammatik aktuell

Grammar focus
- The imperfect
- Comparative and superlative

Materials
- Students' Book, page 92
- Grammar Workbook, pages 28, 54

1A   Students put the verbs into the imperfect tense.

Answers:
a   *machte / wollte*
b   *arbeitete / wohnte*
c   *fand / gewöhnte*
d   *war / musste*
e   *freuten / las / spielte*
f   *gingen / half*
g   *kochten / aßen*

1B   Students think about aspects of their current life and imagine that in ten years' time they are describing what it was like.

2A   Students write down the comparative form of the adjectives.

Answers:
a   *interessantere*
b   *modischere*
c   *umweltfreundlicher*
d   *teurer*
e   *sinnvoller*

2B   Students write down the superlative form of the adjectives.

Answers:
a   *billigste*
b   *lustigsten*
c   *teuersten*
d   *billigsten*
e   *beste*

2C   Students use adjectives from the box to write their own sentences about young people.

Zur Auswahl

Skills focus
- Pronunciation of *ei* and *ie*

Materials
- Students' Book, page 93
- Solo CD, tracks 14–16

1   Students read the advertisement and answer the questions.

Answers:
a   *Einen.*
b   *Die Wohnung liegt am Prenzlauer Berg in Berlin und das Zimmer ist ab dem ersten April frei.*
c   *Man muss 390 € im Monat zahlen, 310 € Kaltmiete und 80 € Nebenkosten.*
d   *Wahrscheinlich die Zentralheizung und Wasserkosten und so weiter.*
e   *Eine Kaution von 200 €.*

f *Ein großes, ruhiges Zimmer.*
g *Ja.*
h *Nein, die Wohnung ist möbliert.*

2 In pairs, students imagine they want to rent a flat and discuss what they want, completing the notes given.

3 Students listen to the report and complete the summary.

Answers:
a *Fair-Play*
b *Fußbällen*
c *Kindern*
d *zertifizierten*
e *15%*
f *Sozialprojekte*

---

p 93, activity 3

Fair Play ist natürlich ein Stichwort beim Thema Fußball aber bei der Herstellung von Fußbällen fehlt es oft. Es braucht 650 feine Stiche, um einen Fußball zusammenzunähen, und diese Arbeit wird oft von Kindern gemacht, die in Deutschland gerade alt genug für die Kindergruppe im Sportverein sind. Das weltweite Zentrum der Fußballherstellung liegt in Pakistan, wo 80% aller Fußbälle produziert werden. Und gerade in Pakistan wird nun ewas gegen die Ausbeutung von Kindern bei der Herstellung von Fußbällen gemacht. Den neuen TransFair-Fußball wird man in zertifizierten Produktionsstätten herstellen und 15% des Herstellpreises werden in Sozialprojekte im Ort fließen. Im April präsentierte Ex-Nationalspieler Klaus Allofs den TransFair-Fußball, der überall in Europa verkauft werden soll.

Gut gesagt!

A Students are presented with a list of words containing *ei* or *ie*. They should first read the list out loud before listening to the recording to check they have pronounced the words correctly. Students could then read through the list again, correcting any mispronunciations.

---

p 93, activity A

eins, zwei, drei
Eintracht und Zwietracht
Dienstag, Mittwoch und Freitag
schwierig
der Schweiß

B Short sentences containing *ei* or *ie*.

---

p 93, activity B

Die Arbeit ist nicht schwierig, aber schweißtreibend. Ich schreibe. Ich schrieb. Ich habe geschrieben. Er muss sich entscheiden. Er hat sich entschieden. Liebeslieder von Liebe und Leiden.

Wiederholung
Einheit 5–6

Materials
♦ Students' Book, page 93
♦ CD 2, tracks 17–18

1 Students read the text and summarise it in English, making notes under the given headings.

Answers:
a *teachers and 16–21 year olds in classes 11–13*
b *young learner drivers and female passengers between the ages of 16 and 18*
c *how emotions can affect behaviour / the need for self-awareness and reflection / the need to combat dangerous tendencies like overestimating their abilities and being competitive*
d *an increased feeling of self-worth*

2 Students listen to the report and complete the information.

Answers:
a *(über) 90*
b *Innsbruck / 1977*
c *Unterstützung der Anti-Apartheid-Bewegung*
d *'Hunger ist kein Schicksal' und 'Kauf kritisch'*
e *bezahlte Angestellte / bessere Präsentation der Waren / mehr Marketing*
f *Dritte-Welt-Läden weiter zu entwickeln und fair gehandelte Produkte in die Supermärkte zu bringen*

---

p 94, activity 2

In Österreich gibt es heutzutage über 90 Dritte-Welt-Läden. Die ganze Weltladenbewegung begann zirka 1977 in Österreich, als der erste eigenständige 3. Welt Laden in Innsbruck eröffnet wurde. Zuerst wurden hauptsächlich Kunstwaren verkauft, aber allmählich versuchte man auch, das Publikum über die Probleme der dritten Welt zu informieren. Zum Beispiel gab es die ‚Frontstaatenkampagne', die zur Unterstützung der Anti-Apartheid-Bewegung in Südafrika gestartet wurde. Es folgten eine Reihe von anderen Informationskampagnen wie ‚Hunger ist kein Schicksal' und ‚Kauf kritisch'. Auch wichtig waren

Einheit 6   Das Alltägliche

Themen wie Umwelt. Ab 1990 begannen diese Läden sich zu professionalisieren. Das heißt, dass sie heute nicht nur freiwillige Mitarbeiter, sondern auch bezahlte Angestellte haben, dass die Waren besser präsentiert werden und dass sie jetzt viel mehr Marketing machen. Und was ist das heutige Ziel? Klar, die Weltläden weiter zu entwickeln, aber auch, fair gehandelte Produkte in die Supermärkte zu bringen.

3a Students look at the cartoons and write an appropriate caption for each one. This is an opportunity to revise the topics of consumerism, ecology and personal responsibilities and you could first discuss with them their own and current attitudes.

3b With a partner, students talk about their captions and explain how they understand each cartoon.

4a Students listen to a report about Leni Riefenstahl, the controversial film director who worked during the Nazi era, and complete the sentences.

Answers:
a *man*
b *Niemand*
c *jeder*
d *Einer*
e *nichts*
f *viel*

---

p 95, activity 4a
In der heutigen Ausgabe unserer Serie *Film in Deutschland* hören Sie einen Bericht über Leni Riefenstahl.

Presenter
Leni Riefenstahl wurde am 22. August 1902 geboren und starb am 8. Steptember 2003 im Alter von 101 Jahren. Sie arbeitete als Tänzerin, Fotografin und Schauspielerin – aber am bekanntesten ist sie als Filmregisseurin. Ihre Filme idealisierten oft die Kraft und Eleganz des menschlichen Körpers, zum Beispiel in *Olympia*, dem Dokumentarfilm über die Berliner Olympiade im Jahr 1936. Sie hatte eine ganz neue, innovative Filmtechnik: Sie benutzte ungewöhnliche Perspektiven und filmte zum ersten Mal mit mehreren Kameras dieselbe Szene.

Trotzdem: Leni Riefenstahl war und ist eine sehr kontroverse Figur! Warum?
Viele Leute denken, dass Leni Riefenstahl das Naziregime und seine Ideologie unterstützte. Sie war die Lieblingskünstlerin von Adolf Hitler und drehte viele Filme, die sein Regime glorifizierten. Ihr berühmtester Film, *Triumph des Willen*, zeigt eine riesige Parade in Nürnberg, wo 1934 Tausende von Nazis durch die Stadt marschierten.

Leni Riefenstahl sagte, dass sie sich **nie** für Politik interessierte und gegen die Nazis war. Sie beschrieb ihre Filme als Kunst, nicht als Propaganda, und sagte, dass sie die Situation so zeigen wollte, wie sie wirklich war. 1945, nach dem Zweiten Weltkrieg, wurde ihre Arbeit als Regisseurin in Deutschland boykottiert. Sie lebte jedoch weiterhin dort, machte viele Reisen und arbeitete als Fotografin.

 4b Students listen once more and answer the questions.

Answers:
a *1902*
b *1936, Berlin*
c *die Berliner Olympiade*
d *Ihre Filme glorifizierten die Politik der Nazis*
e *Adolf Hitler*
f *Nürnberg*
g *dass sie sich nicht dafür interessierte*
h *nein, sie arbeitete als Fotografin*

5 Students debate whether or not celebrities should be politically active and involved. They should be encouraged to draw up a list of reasons for and against this.

6 Students read the text about Ulrich Mühe. They decide whether the sentences are true, false or not in the text.

Answers:
a *nicht im Text*
b *falsch – er war ein Geheimpolizist*
c *nicht im Text*
d *falsch – er war politisch engagiert*
e *falsch – er hat im Theater gearbeitet*
f *richtig*
g *nicht im Text*
h *richtig*

7 With the help of the text above and the information on page 95, students should write at least five sentences about Wolf Biermann, Nina Hagen and *Wir sind Helden*, using the imperfect tense.

8 Students now write a longer text about a living or dead musician. Encourage them to use their notes from page 77.

Sport   Einheit 7

Unit objectives
By the end of this unit students will be able to:
- Compare and discuss sporting trends
- Discuss the relationship between physical activity and mental well-being
- Compare different lifestyles
- Give their opinion on what constitutes a healthy lifestyle
- Discuss the impotance of sports personalities as role models
- Discuss the commercialisation of sports and express an opinion about its positive and negative effects

Materials
- CD 2, track 19

Grammar
- Use the imperative
- Use impersonal expressions

Skills
- Answer questions in German
- Adapt a text

Pages 96–97
Students are presented with a pie chart showing the results of a survey of 4000 14-year old students. The students were asked whether they do any sport in their freetime.

1a Students study the pie chart and then describe it by completing the sentences.

Answers:
a *Weniger als 5% dieser befragten Jugendlichen treiben nie Sport.*
b *Fast jeder Zweite der Schüler/Schülerinnen treiben mehrmals pro Woche Sport.*
c *Jeder Vierte macht täglich Sport.*
d *Weniger als 20% machen einmal pro Woche Sport.*

1b Students conduct their own survey entitled 'Wie oft treibst du Sport?' in their class. Then they compare their findings with the German survey.

2a Students study the bar chart about different sports. They then read the statements a–d and choose the correct answer for each.

Answers:
1 c   2 b   3 a   4 c

2b Students listen to the text and answer the questions in English.

Answers:
a *skateboarding*
b *jogging*
c *after school with friends or in school teams*
d *half*

> p 97, activity 2b
> Fußball liegt bei ungefähr drei Viertel aller Jungen, die Sport treiben, zweifellos auf dem ersten Platz, gefolgt von Radfahren (43%) und Schwimmen mit 33%. Skateboardfahren, oder Skateboarding, ist fast so beliebt wie Tischtennis. Basketball dagegen liegt mit 19% an sechster Stelle. Bei den Mädchen ist Fußball nur bei 26% beliebt. Schwimmen ist die beliebteste Sportart. Während die Mädchen auch gern tanzen, reiten oder joggen, sind diese Sportarten bei den Jungen total unbeliebt. Wo und mit wem treiben die jungen Leute Sport? Mit Freunden nach der Schule oder in Schülermannschaften? Vielleicht, aber die Hälfte aller Schüler und Schülerinnen gehören einem Sportverein an.

3 Students read the statements and match them to the pictures.

Answers:
1 c   2 d   3 a   4 b   5 e

4a Students write a report of about 150–200 words about their lifestyle. They should mention which sports they do and how often, as well as other things they do to keep fit.

4b Collect the reports and read some of them to the class. Students try to guess who wrote each of the reports.

Traditioneller Sport oder Trendsportarten?

Skills focus
- Answering questions in German

Key language
- Meiner Meinung nach …
- Es geht vor allem um …
- Im Vergleich zu traditionellen Sportarten, …

Materials
- Students'Book pages 98–99
- CD 2, track 20

Einheit 7 Sport

1a Students match the types of sport, traditional sports and more modern, trend-driven sports, with the corresponding pictures.

Answers:
1 d 2 i 3 g 4 k 5 c 6 a

1b Students match the descriptions with the types of sport.

Answers:
1 j 2 e 3 l

1c Students work first in pairs to discuss which of the sports listed they have already done and which they would like to do. They then discuss this as a whole class.

2a Students read the text and note down as many differences as possible between the two types of sport.

Possible answers:
Trendsport: not for a wide range of people; fitness, fun, extreme sports; for kicks/thrill-seekers; special clothes/most talked-about brandnames; own jargon; these sports come and go
Traditioneller Sport: mainstream; more accessible; don't need particular brand names; enduring

2b Students work as a class to discuss the question 'Warum macht man Trendsportarten?'. Refer them to the *Hilfe* box for useful phrases.

Tipp

A Students make a list of as many German question words as possible and then translate them into English.

B Students now read the text about *Trendsport* again and answer the questions.

Answers:
a *‚Trendsportarten' unterschieden sich von den tradionellen Sportarten und sind nicht Breitensport.*
b *Es geht um Geschwindigkeit, um Spaß, um extreme Gefühle und um Nervenkitzel.*
c *Wenn man zu einem Trendsport dazugehören will, muss man die spezielle Kleidung und die entsprechenden Markenprodukte haben.*
d *Ungefähr 8 Millionen Deutsche machen Inlineskating.*
e *Jährlich werden rund 1,7 Millionen Paar Inlineskates verkauft.*
f *Es gibt Fitness Skating, Freestyle Skating und Speedskating.*

3a Students listen to the three young people and make notes, using the questions in the grid as a guide. Useful vocabulary to go through with students first:

das Übergewicht – excess weight, overweight
vernachlässigen – to neglect

Answers:
Daniela: Warum? *Für die Karriere, um sich gesünder zu fühlen und sich körperlich fit zu halten.* **Was halten Sie von Sport?** *Unbedingt nötig im modernen Leben.*
Florian: Warum? *Um "in" zu sein.* **Was halten Sie von Sport?** *Echt cool.*
Jens: Warum? *Schöne Landschaft, teure Ausrüstung.* **Was halten Sie von Sport?** *das Prestige gefällt ihm.*

	p 99, activity 3a
Interviewer:	Warum treiben Sie Sport? Was halten Sie von Sport? Wir haben einige junge Deutsche zu diesem Thema befragt. Daniela meint.
Daniela:	Übergewicht und eine schlechte Figur sind heute schlecht für die Karriere. Ich möchte Karriere machen und darf daher meinen Körper nicht vernachlässigen. Ich fühle mich auch viel gesünder, wenn ich fit bin. Die Manager von meiner Firma, zum Beispiel, treffen sich im Fitnesscenter zu Besprechungen, nicht in Restaurants. Wer sich nicht körperlich fit hält, hat keine Chance in modernen Firmen oder Geschäften. Sport ist unbedingt nötig im modernen Leben.
Interviewer:	Florian, der Trendsetter:
Florian:	Ich finde Trendsportarten echt cool. Deshalb hatte ich als Erster in unserer Straße ein Mountainbike. Auf meinen Inlinern war ich schneller als jedes Fahrrad. Das Geld für die neuen Kangoo-Skates hat mir mein Bruder geliehen. Ich gebe mein ganzes Taschengeld für Fun-Sport aus, ‚in' sein ist für mich alles.
Interviewer:	Bei Jens geht es mehr um das Prestige:
Jens:	Golf ist der Sport für mich: schöne Landschaft, teure Ausrüstung, anschließend einen Drink in einer exquisiten Bar mit Freunden. Hier kann man nur Mitglied werden, wenn man ein paar zehntausend Mark auf den Tisch legen kann. Andere Sportarten wie Segeln oder Reiten haben auch ein gewisses Prestige. Das gefällt mir.

3b Students summarise the main points in writing and add their opinion.

4a Students now list the advantages and disadvantages of both types of sport, using the information given on pages 98–99 to help them.

4b Students now discuss these advantages and disadvantages as a class.

Sport Einheit 7

5a Students design a questionnaire entitled 'Trendsport oder traditioneller Sport?' and ask four friends to fill it in. They should use the suggestions given to help them.

5b Students summarise the results in a short report and discuss this in class.

5c Students describe their favourite sports to the class and give reasons for their choice.

Sport und Gesundheit

Grammar focus
• The imperative

Materials
• Students' Book pages 100–101
• CD 2, track 21
• Grammar Workbook page 66

1a Students look at the cartoons depicting different lifestyles and discuss with a partner which of these lifestyles they agree with, giving reasons.

1b Students discuss with a partner how to keep fit. They then produce a list of positive points about what you should do and a list of negative points saying what you should not do.

2a Students match the German with the English words.

Answers:
Bewegung – movement, fördern – to promote, Stoffwechsel – metabolism, Mangel an – lack of, ausgewogen – balanced, Empfehlung – recommendation, Flüssigkeit – fluid, vorbeugen – to prevent

2b Students listen to the recording containing advice from the *Deutsche Olympische Sportbund*, and read the statements. They then decide which six statements correspond with the text.

Answers:
a, b, c, e, g, h

> p 100, activity 2b
> Es stimmt tatsächlich: regelmäßige körperliche Bewegung fördert die Gesundheit. Wenn man körperlich aktiv ist, hilft das bei der Prävention, bei der Behandlung und auch bei der Rehabilitation, besonders von Herz-Kreislauf-Erkrankungen und Stoffwechsel-Erkrankungen. Der Deutsche Olympische Sportbund bietet in ganz Deutschland rund 90 000 Sportvereine, wo man etwas für seine Gesundheit tun kann, denn Sport und Bewegung halten jung und gesund. Während sich die Menschen heute immer weniger bewegen, entwickelt sich die Technik immer schneller. Freizeit- und Gesundheitssport werden also immer wichtiger, wenn man diesem Bewegungsmangel vorbeugen will. Wenn Sie sich regelmäßig bewegen und eine ausgewogene Ernährung haben, werden Sie nicht nur mehr Energie haben, sondern auch Ihr Immunsystem und Ihren Körper schützen.
> Nun ein paar Tipps für den Alltag: Gehen Sie täglich spazieren, fahren Sie mit dem Fahrrad oder gehen Sie zu Fuß, verbringen Sie viel Zeit an der frischen Luft, essen Sie langsam und gesund, trinken Sie viel und ausreichend, entspannen Sie sich öfter, vermindern Sie Risikofaktoren wie Rauchen und Alkohol und treiben Sie Sport mit Freunden – das ist gesund und macht Spaß.

2c Students listen again and answer the questions.

Answers:

a *körperliche Bewegung*

b *rund 90 000*

c *die Menschen bewegen sich weniger, die Technik entwickelt sich immer schneller*

d *um dem Bewegungsmangel vorzubeugen, um mehr Energie zu haben, um das Immunsystem und den Körper zu schützen*

e *an die frische Luft gehen, langsam essen und trinken, ausreichend und viel trinken, sich entspannen, nicht rauchen, Alkohol vermeiden, Sport treiben*

3a Students read the two texts and decide which pictures correspond with them.

Answers:
1 a 2 b

3b Students discuss with a partner with which of the tips they agree/disagree.

3c Students work in pairs to carry out a role-play. A is a friend who does not do any sport and spends all his/her time in front of the computer; B gives advice on how to improve A's lifestyle.

4 Students read the information about the imperative and look at the third picture. They then write out five pieces of advice they would give to the primary-school children in the picture for a healthy life.

Grammatik

A Students look at the texts in activity 3a again and try to work out how the imperative is formed for the *du* and the *Sie* forms.

B Students complete the sentences using the imperative.

Answers:
a *treib* b *sammelt ... ein* c *gehen Sie*
d *trainieren Sie* e *fahr* f *hört ... zu*

79

Einheit 7 Sport

C Students design a leaflet for young teenagers about the importance of sport and health using as many imperatives as possible.

Wie hält man sich fit?

Grammar focus
- Impersonal expressions

Materials
- Students' Book pages 102–103
- CD 2, track 22
- Grammar Workbook page 43

1 Students sort the words into the appropriate boxes.

Answers:
Gesunder Lebensstil: *Mineralwasser, Bewegung, eine ausgeglichene Ernährung, Massage, zu Fuß gehen, Training, regelmäßiges Essen, Sport*
Ungesunder Lebensstil: *Milchschokolade, Zucker, Fetthaltiges Essen, Tabletten, Stress, Alkohol, Snacks, faulenzen, rauchen*

2a Students read Annika's text and find the German meaning of the English phrases.

Answers:
a *zur Zeit gefällt es mir nicht so gut in der Schule*
b *einen sehr hohen Notendurchschnitt*
c *es fehlt mir an Motivation*
d *das ist ziemlich anstrengend*
e *...kann ich nicht ausstehen*

2b Students read the text again and decide whether the statements are true, false or not in the text.

Answers:
a R b R c *nicht im Text* d F e R

2c Students make notes on the points listed.

2d Students discuss with a partner what they think about Annika's lifestyle and give their reasons.

3a Students listen to Bernhard Müller and make notes. They should use the bullet points as a guide.

---

p 103, activity 3a

Int: Bernhard Müller, als Tennisprofi muss man top-fit sein, nicht? Wie machen Sie das? Sie stehen doch bestimmt ziemlich unter Druck. Fühlen Sie sich vor jedem Tennisturnier gestresst?
BM: Natürlich spielt Stress eine Rolle im Leben eines Berufssportlers, aber ich habe gelernt, damit zu leben. Es ist auf jeden Fall wichtig, sich zu entspannen.
Int: Wie entspannen Sie sich?
BM: Ach, zu Hause spiele ich ganz gern Gitarre. Ich finde Musik sehr entspannend. Manchmal gehe ich auch mit meinen Freunden in ein gemütliches Restaurant zum Essen, besonders nach einem Tennismatch.
Int: Wie oft trainieren Sie?
BM: Natürlich trainiere ich jeden Tag. Ich spiele mehrere Stunden Tennis und habe mit meinem Physiotherapeuten ein persönliches Trainingsprogramm zusammengestellt.
Int: Wie wichtig ist eine gesunde Ernährung für Sie?
BM: Man muss schon darauf achten, was man isst. Ich weiß, was meinem Körper gut tut. Aber ich esse auch ganz gern mal Schokolade, besonders Milchschokolade.
Int: Nun, bei Ihnen als Schweizer kann man das ja verstehen. Schokolade ist ja eine Spezialität Ihres Landes. Aber jetzt zur letzten Frage. Welche Pläne haben Sie für Ihre Zukunft?
BM: Das ist ganz einfach. Ich hoffe, dass es mir gelingt, auch in zehn Jahren noch Tennis zu spielen. Ich würde auch noch gern an der nächsten Olympiade teilnehmen. Das wäre mein Traum.
Int: Vielen Dank für dieses Gespräch. Bernhard Müller, ich wünsche Ihnen weiterhin viel Erfolg und alles Gute für das nächste Tennisturnier.

3b Students discuss who, in their opinion, has the better lifestyle, Annika or Bernhard, and why. They should use examples from the reading and listening texts.

Grammatik

A Students look at the phrases from the text and state what they notice about the words in **bold.**

B Students re-write the sentences using impersonal expressions.

Answers:
a *Ich hoffe, es gelingt mir, gute Noten zu bekommen.*
b *Es freut mich, dass ich bald mein Abitur habe.*
c *Es fehlt mir an Geld für teure Hobbies.*

4a Students discuss their personal lifestyle with a partner, using the bullet points as a guide.

4b Students write an article for a youth magazine about a friend's lifestyle.

Sport **Einheit 7**

Sport – nur noch ein Geschäft?

Skills focus
- Adapting a text

Materials
- Students' Book pages 104–105
- CD 2, track 23

1 Students work in pairs to make a list of examples illustrating just how commercial sport has become. The pictures on the page may help them.

2a Students read the text and find the German equivalents for the English expressions listed.

Answers:
a *seine Leistung vermarkten*
b *sich zeigen*
c *man hat ... umbenannt*
d *einzelne Teams*
e *Ideale wie Durchhaltevermögen*

2b Students read the text again and decide whether the sentences are true, false or not in the text. They should correct any false sentences.

Answers:
a R
b *nicht im Text*
c R
d F *viele bekannte Spieler machen einen Verein bekannt*
e R
f F *die Teams haben die Namen der Sponsoren*
g F *sie zeigt sich auch bei den Olympischen Spielen*
h *nicht im Text*

3a Students make a list of famous sports personalities and discuss who they admire and why.

3b Students choose a sports personality, collect information about him/her and his/her sports career without mentioning his/her name.

3c Students read out their descriptions and the rest of the class has to guess the name of the sports personality.

4a Students listen to the interview, choose the correct word from the list and complete the sentences.

Answers:
a *Hälfte*
b *Vorbilder*
c *Eltern, Trainer*
d *Spaß, trainieren*
e *ernstes*
f *aktuelle*
g *wichtig*

p 105, activity 4a

Int: Sechs Millionen deutsche Jugendliche kicken, und mehr als die Hälfte aller fünf- bis 18-Jährigen in Deutschland sind Mitglied in Sportvereinen. Da spielt der Trainer doch sicher eine wichtige Rolle als Vorbild?

Trainer: Ja, Trainer sind Vorbilder, manchmal ohne es zu wissen. Besonders in Sportvereinen ist es einfach, an die Jugendlichen heranzukommen. Und oft akzeptieren junge Leute ihren Trainer mehr als ihre Eltern oder die Schule.

Int: Da haben Sie als Trainer ziemlich viel Verantwortung, oder?

Trainer: Das stimmt, und deshalb gibt es jetzt spezielle Kurse für Trainer.

Int: Und worum geht es in diesen Kursen?

Trainer: Als Trainer muss man wissen, dass nicht nur die sportliche Leistung für die jungen Vereinsmitglieder wichtig ist, sondern auch, einfach Spaß zu haben und vor dem Training vielleicht ein bisschen Quatsch zu machen. Natürlich muss man als Trainer ein gutes Training bieten. Man lernt auch, dass es wichtig ist, sich nach dem Training Zeit für ein ernsteres Gespräch zu nehmen.

Int: Und um welche Themen geht es in diesen Gesprächen?

Trainer: Es gibt da viele Möglichkeiten. Das Thema „Doping" im Sport zum Beispiel ist immer sehr aktuell. Es ist wichtig, die jungen Sportler darauf aufmerksam zu machen, dass es im Leistungs- und im Fitnesssport nicht nur auf Geld und Goldmedaillen ankommt, sondern auch ums Mitmachen geht, ums Dabeisein und um Selbstdisziplin.

4b Students listen again and make notes on the bullet points listed.

5 Students prepare a roleplay. Student 'A' is a reporter of a sports magazine and wants to interview a sports personality. He/She prepares questions about the start of the person's sports career, his/her reasons for becoming a professional sports person, training, and future plans. 'B' is the sports personality and prepares answers to these questions. They then conduct the interview.

Tipp

A Students make notes about the negative aspects of sports.

6 Students write a summary of the positive and negative sides of sport, using ideas and arguments from pages 100 and 101 of the Students' Book. Advise them also to read the *Tipp* before they start writing.

Einheit 7 Sport

Grammatik aktuell

Grammar focus
- Impersonal expressions
- The imperative

Materials
- Students' Book page 106
- CD 2, track 24
- Grammar Workbook pages 43, 66

1A Students look at the picture and describe it by completing the sentences.

Answers:
a *Es **handelt** sich **um** die Eröffnung der Olympischen Spiele.*
b *Das Bild **gefällt** mir, weil ich mich für Sport interessiere.*
c *Leider werde ich nie an Olympischen Spielen teilnehmen können, weil es mir **an** Erfahrung **fehlt**.*
d *Aber vielleicht **gelingt** es mir, einmal an nationalen Sportwettkämpfen teilzunehmen.*
e *Es **kommt darauf an**, ob ich genug trainiere.*
f *Aber es **heißt** ja, dass Übung den Meister macht!*

1B Students translate the sentences into German.

Answers:
a *Es fehlt ihr an Erfahrung.*
b *Wir hoffen, dass es dir gelingt.*
c *Es handelt sich um die Olympischen Spiele.*
d *Es fragt sich, ob Sport immer gesund ist.*
e *Es kommt darauf an, wie schnell du bist.*

2A Students listen to Lisa's report with her advice for a healthy lifestyle and make notes.

Answers:
ungesunder Lebensstil: *zu viel Alkohol trinken, fettige Würstchen essen, keinen Sport treiben, gegen 3 oder 4 Uhr ins Bett gehen*
gesunder Lebensstil: *ganz wenig Fastfood essen, keine Süßigkeiten essen, frisches Obst und grünen Salat essen, sich entspannen, Tennis spielen, mit dem Rad fahren*

> p 106, activity 2A
> Hallo, ich bin die Lisa. Ich bin seit Oktober Studentin im ersten Semester an der Uni Freiburg. Und ich muss sagen, es macht echt Spaß. Am meisten genieße ich meine Unabhängigkeit. Niemand sagt: „Jetzt mach endlich dein Bett!" oder „Hast du deine Hausaufgaben schon gemacht?" Ich finde es besser, wenn man selbst für diese Dinge verantwortlich ist. Manche Studenten sehen das aber anscheinend nicht so. Sie trinken zu viel Alkohol und essen fettige Würstchen aus dem Supermarkt. Sie treiben keinen Sport und gehen erst gegen 3 oder 4 Uhr morgens ins Bett. Seit ich Studentin bin, esse ich viel gesünder. Ich esse nur ganz wenig Fastfood und überhaupt keine Süßigkeiten. Ich koche oft selbst und ich kaufe viel frisches Obst und grünen Salat. Ich entspanne mich jeden Abend bei Musik, und meine Freunde und ich spielen zwei- bis dreimal pro Woche Tennis. Zur Uni fahre ich immer mit dem Rad, auch bei Regen. Und, ehrlich gesagt, fühle ich mich viel besser als früher, als ich noch Schülerin war.

2B Students convert their notes into imperative plural forms (at least eight examples).

Answers:
Trinkt nicht so viel Alkohol, Esst keine fettigen Würstchen, Treibt Sport, Geht vor 3 Uhr morgens ins Bett, Esst nur ganz wenig Fast Food, Esst keine Süßigkeiten, Kauft frisches Obst und grünen Salat, Entspannt euch, Spielt Tennis/ Treibt Sport, Fahrt mit dem Rad

2C Students read the recipe and re-write it in the imperative singular.

Answer:
Gib 500 g Mehl, drei Eier und 2 Teelöffel Salz in eine Schüssel. Füg ¼ Liter Wasser hinzu und rühr die Zutaten so lange, bis du einen festen, glatten Teig hast. Diesen Teig drück durch ein großlöchriges Sieb in einen Topf mit kochendem Salzwasser. Lass die Spätzle aufkochen und gieß das Wasser ab. Erhitz dann die Butter. Nun reibe 100g Käse. Gib eine Schicht Spätzle in eine hitzebeständige Backform, darauf eine Schicht geriebenen Käse, eine weitere Schicht Spätzle und so weiter. Zum Schluss gib geröstete Zwiebeln darüber und serviere sofort heiß. Lass es dir schmecken!

Zur Auswahl

Skills focus
- Pronunciation of long and short vowels

Materials
- Students' Book page 107
- Solo CD, tracks 17–18

1 Students study the two cartoons and then describe the characters and their lifestyle.

2 Students listen and answer the questions.

Answers:
a *etwa/ungefähr zwei Drittel der Befragten treiben keinen Sport*
b *Lesen, Entspannen, Fernsehen*
c *zwei Drittel leiden unter Bewegungsmangel, nur 36% treiben zweimal pro Woche Sport, sie nimmt mit zunehmendem Alter ab*

82

Sport **Einheit 7**

d *Herzbeschwerden, Fettsucht und Diabetes*
e *je mehr Gewicht man hat, desto anstrengender ist es, sich zu bewegen*

> p 107, activity 2
>
> „Zuviel sitzen, zu wenig bewegen". Das ist das Ergebnis einer repräsentativen Umfrage der Deutschen Sporthochschule Köln zum Bewegungs-, Freizeit- und Ernährungsverhalten der Deutschen. Ungefähr zwei Drittel der Befragten treiben kaum Sport. Stattdessen ziehen sie passive Tätigkeiten wie Lesen, Entspannen oder Fernsehen vor. Schüler und Schülerinnen verbringen rund sieben Stunden pro Tag im Sitzen und liegen damit vor dem Rest der Bevölkerung mit fast sechs Stunden.
>
> Etwa zwei Drittel der deutschen Bevölkerung leiden unter Bewegungsmangel, denn nur 36% der Befragten treiben mindestens zweimal pro Woche für mindestens 30 Minuten Sport. Zu wenig Bewegung und eine ungesunde Ernährung sind die Hauptrisikofaktoren für Krankheiten wie Herzbeschwerden, Fettsucht und Typ 2-Diabetes. Die Umfrage hat auch gezeigt, dass die sportliche Betätigung mit zunehmendem Alter und Gewicht abnimmt. Leute mit Übergewicht befinden sich daher oft in einem Teufelskreis, denn je mehr Gewicht man hat, desto anstrengender wird jede Bewegung.

3 Students read the text about violence in football and choose the correct answer each time.

Answers:
1 c   2 c   3 b

4 Students write an essay of about 150–200 words on the topic 'All young people should do sport at least once per week'.

Gut gesagt!

A Students listen to the words and repeat them.

> p 107, activity A
>
> langer Vokal:
> mag, Rad, Spaß, Abend, sagen
> sehr, gehen, jedes, Federball, Meter
> mir, hier, Spiel, Ziel, viel
> ohne, wohnen, so, oder, Mode
> Ruhe, Schule, Fuß, zu, nun
>
> kurzer Vokal:
> hallo, etwas, Geschmack, Stadt, satt
> Essen, Tennis, schlecht, Welt, Geld
> Gibt, sich, immer, finden, Wirkung
> kommen, besonders, Kosten, gebrochen, noch
> muss, Mutter, Eiskunstlauf, Druck, Schuss

Tourismus   Einheit 8

Unit objectives
By the end of this unit students will be able to:
- Talk about different types of holidays
- Discuss what is important for people when choosing a holiday
- Discuss what can be stressful about holidays
- Discuss pros and cons of tourism
- Give examples of the impact of tourism on the German economy
- Research and discuss the impact of transport and pollution on the environment
- Discuss how climate changes affect the environment

Materials
- CD 3, tracks 1–2

Grammar
- Use the conditional
- Recognise the subjunctive
- Recognise the conditional perfect
- Use the genitive

Skills
- Improve listening skills
- Answer a structured question
- Structure an oral presentation

Pages 108–109
As a starter activity, students could do a brainstorming exercise to establish any holiday-related words they know. As a follow-up task, they could then work with a partner: imagining that they have won a holiday, they could discuss where they would go and what kind of holiday they would choose.

1a Students read the two texts and find the matching picture for each.

Answers:
1 c   2 a

1b Students try to guess or look up the words in bold in the texts.

Answers:
Superrutsche = super slide; Strömungskanal = whirlpool; sich verwöhnen lassen = to let yourself be spoilt; unzählige Discos = countless discos; genau richtig liegen = to be in the right place

1c Students choose the holiday shown in the remaining picture and write out a short advert.

2a Students listen to four people describing what kind of holiday they like and fill in the grid. They should read the *Tipp* before doing this listening activity. For differentiation, students can be asked to add any other details they understood.

Answers:
Robin: Wohin: *in die Schweizer Alpen* **Was für Ferien?:** *Skiurlaub* **Warum:** *fährt gern Ski, nur 5 Min. zur Piste, tolles Wetter, ideale Skibedingungen, seine Freundin durfte auch mit kommen.*
Annika: Wohin: *Österreich* **Was für Ferien?:** *Ferien auf dem Bauernhof* **Warum:** *jeden Tag reiten macht Spaß, hilft auf dem Bauernhof, ist gern aktiv*
Ann-Cathrin: Wohin: *Südfrankreich* **Was für Ferien?:** *Campingurlaub* **Warum:** *sind gern faul, geht gern mit Freunden in Ferien, schwimmt gern, die Sonne genießen, Zelten ist billig und macht Spaß.*
Nikolai: Wohin: *England* **Was für Ferien?:** *Freundin besuchen* **Warum:** *Englischkenntnisse verbessern, am Strand liegen, Beach-Volleyball spielen.*

	p 109, activity 2a
Int.:	Also, wir machen hier eine Umfrage unter deutschen Jugendlichen, wo sie am liebsten Ferien machen und was für Ferien sie bevorzugen. Mit wem sollen wir beginnen? Na, Robin, was für Ferien gefallen dir am besten?
Robin:	Ich wohne im Schwarzwald und da gibt es natürlich jeden Winter Schnee. Schon als Kind habe ich Skifahren gelernt, und ich finde es auch heute noch total super. Zu meinem Geburtstag dieses Jahr im Januar habe ich von meinen Eltern ein Paar Skier bekommen, und an Ostern sind wir alle in Skiurlaub in die Schweizer Alpen gefahren. Meine beste Freundin durfte auch mit uns mitkommen – das hat das Ganze noch toller gemacht. Meine Eltern haben ein Ferienapartment gemietet. Es war fantastisch, denn zum Skilift und zur Piste waren es nur fünf Minuten zu Fuß. Das Wetter war ganz toll, und wir hatten die idealen Schneebedingungen zum Skifahren.
Int.:	Vielen Dank, Robin. Na, Annika, wo machst du denn am liebsten Ferien?
Annika:	Ich reite sehr gern, und letztes Jahr bin ich mit meinen Eltern und meiner Schwester nach Österreich gefahren, wo wir Ferien auf einem Bauernhof gemacht haben. Ich fand das ganz toll, besonders weil sie drei Reitpferde hatten, und so hatte ich die

Tourismus   Einheit 8

	Möglichkeit, jeden Tag frühmorgens auszureiten. Das hat mir total Spaß gemacht. Aber es gab natürlich noch viele andere Sachen, die wir machen konnten – zum Beispiel, der Bäuerin beim Hühnerfüttern helfen oder frisch gelegte Eier einsammeln. Ich bin im Urlaub gern aktiv, und deshalb gefällt es mir da.
Int.:	Vielen Dank, Annika. Das klingt ja wirklich interessant. Und du, Ann-Cathrin? Wie sieht es bei dir aus? Was machst du gern in deinen Ferien?
A-C:	Ich fahre gern mit meinen Freunden in die Ferien. Wir fahren immer mit dem Zug, weil keiner von uns ein Auto hat, und weil wir noch Schüler sind, bekommen wir bei der Bahn eine Schülerermäßigung. Das ist dann billiger. Außerdem können wir unsere Fahrräder mitnehmen. Diesen Sommer fuhren wir nach Südfrankreich, wo wir gezeltet haben. Meine Freunde und ich sind alle gern einfach faul im Urlaub. Wir fahren mit den Rädern an einen schönen Strand, und da schwimmen wir ein bisschen und genießen einfach die Sonne. Ich finde, dass Zelten unheimlich Spaß macht und außerdem noch billig ist.
Int.:	Gut, vielen Dank, Ann-Cathrin. Und zum Schluss noch zu dir, Nikolai. Wie sehen deine Lieblingsferien aus?
Nikolai:	Ich fahre echt gern nach England. Erstens interessiere ich mich für Fremdsprachen, und ich möchte meine Englischkenntnisse noch weiter verbessern. Zweitens habe ich letztes Jahr ein nettes englisches Mädchen kennen gelernt, und sie hat mich nach England eingeladen. Sie wohnt an der Südküste, also kann man gemütlich am Strand liegen oder Beach-Volleyball spielen. Das finde ich cool, und wenn's nicht zu kalt ist, kann man sogar im Meer schwimmen.
Int.:	Tja, das klingt ja wirklich gut! Ich danke euch allen, und am liebsten möchte ich jetzt gleich auch in die Ferien fahren.

2b Students listen to the interview again and fill in the gaps. They choose the correct words from the box.

Answers:

a *Bauernhof*
b *activ*
c *eingeladen*
d *nicht so teuer*
e *faulenzt*
f *skifahren*
g *Piste*

3 Students discuss with a partner which holiday destinations are most popular with young English people. They then use the Internet to research German people's favourite holiday destinations and compare the results. Point students towards www.google.de for the purposes of their research and encourage then to use phrases from the *Tipp* on page 19 ('Using statistics').

4 Students write an article (100–120 words) about their favourite holiday destination. They should cover the following points:

- their favourite holiday destinations
- their favourite type of holiday
- reasons for the above

As a follow-up task, students could use their articles from activity 4 to create a display for the classroom.

Tipp

A Students look at sentences c–h and decide on the type of word they need to fill in.

B Students work as a group to list as many question words as possible and then discuss what type of information they have to listen for.

C Students listen to 'Urlaubstrends 2006' and answer the questions.

Answers:
1 *das Freizeit-Forschungsinstitut*
2 *29,6%*
3 *mindestens fünf Tage*
4 *im europäischen Ausland*
5 *einen Erlebnisurlaub*

---

p 109, activity C

Urlaubstrends 2006
Nach einer deutschen Tourismusanalyse des Freizeit-Forschungsinstituts wollen die Deutschen dieses Jahr wieder mehr reisen. Während dieses Jahr nur 22,1% der Bundesbürger ganz bestimmt zu Hause bleiben, im Vergleich zu 29,6% im letzten Jahr, wollen mehr als zwei Drittel, also 67,9% der Bevölkerung, für mindestens fünf Tage verreisen. Und welche Reiseziele wählen die deutschen Bundesbürger? 23,8% der Leute, die eine Ferienreise planen, wollen in Deutschland Urlaub machen. 48,1% haben sich für einen Urlaub im europäischen Ausland entschieden, und 11,3% planen eine Reise in Länder außerhalb Europas. Insgesamt aber haben sich 16,9% der Reisewilligen noch nicht entschlossen, wo sie ihre Ferien verbringen wollen. Und was suchen die Deutschen, wenn sie in Urlaub fahren? Anscheinend sind Ruhe und Erholung nicht mehr so sehr gefragt, denn der Erlebnisurlaub steht nun an erster Stelle.

Einheit 8 Tourismus

Ferien: Stress oder Erholung?

Grammar focus
- The conditional tense

Materials
- Students' Book pages 110–111
- CD 3, track 3
- Grammar Workbook page 58

1 Students discuss the questions 'How important are holidays for you?' and 'What are our reasons for choosing a holiday?', first with a partner and then in class.

2a Students read what Katja, Ben and Andrea say about their holidays.

2b Students find the matching German expressions in the texts.

Answers:

a *sich etwas gönnen*
b *abschalten*
c *sich etwas leisten können*
d *erschöpft sein*
e *eine Rutsche*
f *in einem großen Betrieb*
g *erreichbar sein*

2c Students answer the questions.

Answers:

a *Sie wird eine Woche in Florenz und eine Woche an der italienischen Riviera verbringen.*
b *mit guten Freunden zusammen zu sein, abschalten, sich entspannen*
c *er hat drei kleine Kinder, das Wetter war schlecht, konnten nicht an den Strand gehen*
d *Sie werden zu Hause Ferien machen und nichts bestimmtes planen.*
e *Sie kann sich nur schwer entspannen, bekam Schlafstörungen (oder: war gereizt)*
f *einen vier tägigen Erholungsurlaub ohne Handy*
g *sich richtig zu entspannen*

3a Students listen to what two people say about their holidays and make notes on the points listed.

p 111, activity 3a

Int.: Birgit und Holger – Urlaub für Singles Birgit Engels und Holger Schwarz. Sie sind beide nicht verheiratet, also beide Singles. Ist es manchmal nicht schwer, allein in Urlaub zu fahren?

Birgit: Nee, finde ich nicht. Es gibt da wirklich gute Angebote und Möglichkeiten. Ich gehe immer mit einer Reise-Organisation. Die haben eine große Auswahl an Reisen für 20- bis 30-Jährige. Ich interessiere mich für exotische Urlaubsziele. Ich liebe die Sonne und das Meer, aber auch die fernöstliche Kultur. Meistens buche ich zwei Wochen Strandurlaub und danach eine Woche Kultur und Sehenswürdigkeiten.

Int.: Herr Schwarz, wie ist das bei Ihnen?

Holger: Ja, also ein Problem ist das wirklich nicht. Ich buche auch immer bei einer Reise-Organisation für junge Leute, aber interessiere mich mehr für einer Kurz-Urlaub oder Aktiv-Urlaub. Da gibt es immer so viel zu tun. Das Programm ist vielseitig und man bleibt fit. Letzten Sommer war ich eine Woche segeln am Atlantik. Es war einmalig. Ich habe sehr viele nette Leute kennen gelernt. Meistens fahre ich nur eine Woche in Urlaub, denn ich mache auch gern noch eine Woche Ferien zu Hause.

3b Students listen to the interview again and choose the word that fits best.

Answers:

a *Auswahl*
b *ungewöhnliche*
c *fernöstliche*
d *halben*
e *Fitness*

4 Students work with a partner. Each student chooses a type of holiday and tells their partner what is important for them when going on a holiday. They also give reasons why they have chosen that particular type of holiday.

5 Students conduct a survey amongst their friends, asking them questions a–d.

6 They now summarise the result of their survey in writing.

Grammatik

A Students pick out examples of the conditional tense from the texts on page 110.

Answers:

Katja: ...hätte ich gern... / ...würde...nerven

Ben: wären wir...geblieben (cond.perf) / ...würden ...machen

Andrea: ...könnte / ... würde...bleiben

B Students re-read the texts and write out the sentences with the verb forms listed. They then write out their own sentences using each of these modal/auxiliary verbs.

Answers:

Katja: Natürlich hätte ich gern mehr Zeit dafür.; Wir werden zelten, denn die Hotels, die wir uns leisten könnten, sind uns zu laut.

Ben: Wären wir nur zu Hause geblieben!

Andrea: Wenn ich könnte, würde ich am liebsten drei Wochen bleiben.

C Students complete the sentences using the correct form of the conditional tense.

Answers:

a würden ... machen
b würde ... bleiben
c wäre
d würde ... verbringen

Tourismus heute und morgen

Grammar focus
* The subjunctive

Skills focus
* Answering a structured question

Materials
* Students' Book pages 112–113
* CD 3, track 4
* Grammar Workbook pages 82–83

1a Students read Heidi's article about the topic 'Tourism and the environment'.

1b Students try to guess the words in bold type in the text. Referring to the *Tipp* on page 31 may help them.

Answers:

Bruttoinlandsprodukt = Gross Domestic Product; *aufgrund von* = based on; *Reisehäufigkeit* = frequency of travel; *Bildungsniveau* = standard of education; *Nachfrage* = demand; *Forschungsgemeinschaft* = research institute; *sich ... bemühen* = to endeavour

1c Students re-read the text and make notes on the points listed.

2a Students match the German with the English words.

Answers:

1 d 2 c 3 e 4 a 5 f 6 b

2b Students listen to a conversation between Anke und Udo and fill in the grid.

Answers:

Anke: Gründe dafür: kann dazu beitragen, traditionelle Landschaften oder historische Gebäude zu erhalten; kann Arbeitsplätze schaffen **Gründe dagegen:** Kommerzialisierung ist manchmal übertrieben **Vorschläge für die Zukunft:** Öko-Tourismus, Biosphärenreservate schaffen, um seltene Pflanzen und Tiere zu erhalten

Udo: Gründe dafür: schafft Arbeitsplätze **Gründe dagegen:** zu viele Hotels oder Ferienappartments in Orten, Massentourismus kann den Gemeinschaftssinn in einer Gemeinde zerstören, zu viel Verkehr auf den Straßen **Vorschläge für die Zukunft:** Urlaub mit der Bahn attraktiver machen, Öko-Tourismus oder sanfter Tourismus, Ecocamping

---

p 112, activity 2b

Narrator: Anke und Udo unterhalten sich über das Thema „Tourismus", das sie gerade im Deutschunterricht behandeln.

Anke: Also, Udo, sag mal, hat der Tourismus deiner Meinung nach mehr Vor- oder mehr Nachteile?

Udo: Ich persönlich glaube, dass die Nachteile überwiegen. Schau dir doch mal den Ferienort Titisee an. Die Landschaft ist wirklich schön mit dem See und dem Schwarzwald im Hintergrund, aber der Ort selber besteht ja nur noch aus Hotels und Ferienapartments – oder so scheint es zumindest – und dann diese Souvenirgeschäfte. Da kannst du tausend verschiedene Kuckucksuhren kaufen. Dabei hört man heute kaum noch einen Kuckuck im Wald. Die Tier- und Pflanzenwelt leidet auch unter den Auswirkungen des Tourismus.

Anke: Andererseits kann der Tourismus aber dazu beitragen, traditionelle Landschaften oder historische Gebäude zu erhalten. Ich gebe ja zu, dass die Kommerzialisierung schon etwas übertrieben ist. Aber denk

Einheit 8 Tourismus

> Udo: doch mal an die ganzen Arbeitsplätze, die so geschaffen werden. Und zwar nicht nur im Hotelbereich, sondern auch in der Gastronomie. Die Schwarzwälder Gemütlichkeit in den Restaurants und Gasthäusern ist ja überall bekannt. Meine Freunde und ich waren auch froh, dass wir in den Sommer- und in den Weihnachtsferien immer einen Job bekamen. Das wäre ohne Touristen alles nicht möglich. Stimmt doch, oder nicht?
>
> Udo: O.K., aber meiner Ansicht nach kann dieser Massentourismus in einem Ort irgendwie den Gemeinschaftssinn und das Alltagsleben stören, weil alles auf die Touristen und die Feriensaison ausgerichtet ist. Und dann der ganze Verkehr im Ort. Da bleibt nicht mehr viel für Ruhe und Erholung!! Ich bin der Meinung, dass man es attraktiver für die Touristen machen sollte, mit der Bahn in Urlaub zu fahren. Das wäre viel umweltfreundlicher und besser für die gute Schwarzwaldluft.
>
> Anke: Ich würde sagen, die Zukunft liegt im Öko-Tourismus. Ich habe neulich gelesen, dass der Pfälzer Wald bereits seit 1992 Biosphärenreservat ist, wo seltene Tierarten, Pflanzen und Baumarten geschützt und erhalten werden.
>
> Udo: Ja, das finde ich auch toll. Hast du auch schon von dem Projekt Ecocamping gehört? Man will dadurch das Umweltmanagement auf den Campingplätzen verbessern. Die Zukunft gehört bestimmt dem sanften Tourismus, da stimme ich dir voll zu.

2c Students read the statements and decide whether or not they are correct.

Answers:
a *falsch*
b *richtig*
c *richtig*
d *nicht im Text*
e *falsch*
f *nicht im Text*

3a A new hotel complex is going to be built in your holiday resort. Divide the class into two groups. Group A is in favour of, Group B is against the project. The groups work out arguments for and against the project.

Grammatik

A Students re-read the text on page 112 and find the verbs in the subjunctive.

Answers:
werde ...ansteigen, seien, werde ... geben, werde ... wachsen, habe ... vorhergesagt, werde ... zunehmen, seien, gebe, habe

B Students write a short paragraph based on their notes from activity 1c, changing the verbs in the subjunctive back into the indicative.

 3b Students listen to the conversation from activity 2b again and note down all the phrases that Anke and Udo use to express their opinion. They then hold a debate and you should decide which group had the best arguments.

4 Students write an essay on the topic 'Which advantages and disadvantages does tourism today bring to a country or an area? In your opinion how will tourism develop in the future?' They should refer to the *Tipp* and write 200–250 words.

Urlaubsexpress statt Flugreise?

Grammar focus
- The conditional perfect

Skills focus
- Structuring an oral presentation

Key language
- In diesem Kurzreferat möchte ich über ... sprechen.
- In diesem Kurzreferat geht es um das Thema ...
- Zuerst spreche ich über ...
- Im nächsten Punkt geht es um ...
- Einerseits ... andererseits ...
- Man sieht, dass ...
- Statistiken zeigen, dass ...
- Abschließend kann man sagen, dass ...

Materials
- Students' Book pages 114–115
- CD 3, track 5
- Grammar Workbook page 61

As a starter activity, students could discuss with a partner the following questions on travel and then compare their answers in class:

- Wie fahren Sie normalerweise in die Ferien? Warum?
- Was sind die Vor- und Nachteile der folgenden Verkehrsmittel: Zug, Flugzeug, Auto?

Tourismus **Einheit 8**

1a Students read the adverts and discuss with a partner which of these holidays they would choose and why, and which is the most environmentally-friendly.

1b Students read the statements and decide which are mentioned in which advert.

Answers:

a 3   b 2   c 2   d 1   e 1   f 2, 3

2a Students match the German with the English words.

Answers:

1 b   2 e   3 g   4 a   5 f   6 c   7 d

2b Students read the facts and find the matching demands.

Answers:

1 c   2 d   3 a   4 b

3a Students listen to a short report and a discussion between Fabian, Alexandra and Lisa. They then read the statements and decide who says what.

Answers:

a *Fabian*   b *Alexandra*   c *Lisa*   d *Fabian*

	p 115, activity 3a
Lisa:	Hallo, Fabian! Hallo, Alexandra! Habt ihr schon von diesem neuen Projekt der Bahn gehört? Es geht um die Förderung des nachhaltigen Tourismus.
Fabian +Alexandra:	Nein, aber das klingt ja interessant.
Fabian:	Hast du den Bericht da?
Lisa:	Ja, ich lese ihn euch kurz vor, ja? Also Das Reiseprogramm: Das Fahrtziel Natur will es den Urlaubern ermöglichen, mit der Bahn direkt zu den großen Nationalparks Norddeutschlands wie zum Beispiel dem Nationalpark Harz, dem Niedersächsischen Wattenmeer oder dem Biosphärenreservat Rügen zu kommen. So sollen diese Schutzgebiete naturverträglich genutzt werden. Die Verbindungen zwischen Bahn und Bus sind aufeinander abgestimmt, um die Anreise zu erleichtern. Man hat Tages-und Wochenendtouren zusammengestellt und bietet eine Auswahl an Öko-Hotels an. Außerdem gibt es Adressen für Kanu-und Fahrradverleih. Auf diese Weise will man die Naturparks und Reservate weiter für Touristen erschließen, die Natur erhalten und gleichzeitig die regionale Wirtschaft fördern. Na, wie findet ihr das?
Alexandra:	Ich finde die Idee ganz toll, aber meiner Meinung nach hätte es solche Projekte schon vor ein paar Jahren geben sollen.
Fabian:	Ja, das finde ich auch. Wir sind letzten Sommer mit dem Auto zum Nationalpark Niedersächsisches Wattenmeer gefahren. Es war eine total lange und langweilige Reise. Außerdem war es total eng im Auto, weil wir zu fünft waren. Wenn ich von diesem Programm gewusst hätte, hätte ich vorgeschlagen, mit dem Zug zu fahren.
Lisa:	Der einzige Nachteil ist, dass sie nur Öko-Hotels anbieten. Junge Leute können sich das doch nicht leisten. Wenn sie auch Öko-Campingplätze eingerichtet hätten, würden bestimmt noch mehr Urlauber ihre Ferien dort verbringen.

3b Students listen again and answer the questions.

Answers:

a *die Förderung des nachhaltigen Tourismus*

b *dass die Urlauber mit der Bahn direkt zu den Nationalparks kommen / dass die Urlauber mit der Bahn in Urlaub fahren*

c *Tages-und Wochenendtouren, eine Auswahl an Öko-Hotels, Adressen von Kanu-und Fahrradverleih*

d *Die Natur bleibt erhalten und man fördert die regionale Wirtschaft.*

e *Sie bieten nur Öko-Hotels an, die zu teuer für junge Leute sind – man sollte auch Öko-Campingplätze einrichten*

Grammatik

A Students read sentences a–d in activity 4a and note down the conditional perfect forms.

Answers:

a *wäre ... gefahren*

b *hätte ... haben sollen*

c *wäre ... gewesen, ... gegeben hätte*

d *hätte ... gahabt*

B Students translate the sentences into English.

Answers:

a *I would have liked to go there by train.*

b *They should have had this idea years ago.*

c *It would have been better if there had been different types of accommodation.*

d *I would have liked to have known about this project.*

4 Students work with a partner. They plan a holiday. A wants to do the trip to China, B wants to do the

89

Einheit 8 Tourismus

train journey (from activity 2a). They try to convince their partner that their chosen holiday is better.

5 Students collect information about the topic 'Transport, tourism and the environment' and give a short oral presentation in front of the class. They should use the *Tipp* as well as their notes and information from the Internet. Point them towards www.google.de for the purposes of their research and suggest they search under the following key terms: 'Reisen und Umwelt', 'Tourismus und Umwelt', 'Reiseverkehr und Umwelt'. Another useful website is www.ecocamping.net.

6 Students summarise their speech in writing (100–150 words).

Tipp

A Students look at activities 1 and 2 again and note down points or examples which would fit under the bullet points they have listed for aspects they are going to mention.

B Students use the Internet to research and select relevant information referring to their bullet points.

Klimakatastrophe?

Grammar focus
♦ The genitive

Materials
♦ Students' Book pages 116–117
♦ CD 3, track 6
♦ Grammar Workbook page 16

1 Students match the pictures to the appropriate captions.

Answers:
1 a   2 c   3 d   4 b   5 e

2 Students read the statements and discuss the causes of climate change with a partner.

3a Students read the text about the effects of tourism on climate change and find the correct German expressions.

Answers:
a *Klimawandel, Klimaveränderung*
b *sich verpflichten*
c *Zielgebiete*
d *betroffen sein*
e *niedriger gelegen*
f *Erwerbsausfall*
g *betrachtet man*
h *nachhaltiger*
i *landschaftsverträglich*

3b Students answer the questions.

Answers:
a *Es gibt verschiedene Auswirkungen: die CO_2 oder Treibhausgasemissionen, Stürme und Überschwemmungen, Veränderung der Vegetationszonen*
b *Bei dem erhöhten Wasserverbrauch, dem Lärm und dem vermehrten Abfall handelt es sich um lokale Belastungen.*
c *Sie will zur Reduktion der Treibhausgase beitragen und hat sich verpflichtet, diese in Deutschland bis 2008 um 21 Prozent zu reduzieren.*
d *Gletscher schmelzen, Schneefallgrenze erhöht sich, weniger Touristen, Erwerbsausfall*
e *Zunahme an Sturmfluten, der Untergang des Nationalparks Wattenmeer*
f *Immer mehr Zweit- und Drittreisen, mehr Flugreisen*
g *Deutschlandtourismus attraktiver machen, landschaftsverträgliche Angebote fördern, Wander-und Fahrradtourismus fördern*

4a A whole-class activity to brainstorm questions to ask a climate change expert.

 4b Students now listen to an interview and note down the questions asked. Did any of the questions match their own questions?

Page 117, activity 4b

Rep.:	Sie sind Klimaforscherin am Frauenhofer Institut für Umweltforschung. Wird sich unser Klima in den nächsten Jahren wirklich drastisch verändern?
Forscherin:	Die Tendenz ist recht eindeutig. Im Durchschnitt wird unser Klima wärmer. Das heißt also für Süddeutschland viel wärmere Sommer mit weniger Regen und mehr Niederschläge im Spätwinter und Frühjahr.
Rep.:	Das klingt ja wunderbar. Gibt es aber noch andere Auswirkungen?
Forscherin:	Ja, leider. Die Vegetation im südlichen Deutschland ist nicht auf diese Trockenheit vorbereitet und man muss mit mehr Dürren rechnen. Auch steigt die Waldbrandgefahr und die Landwirtschaft muss deutlich mehr bewässern.
Rep.:	Wie wird es dann in Norddeutschland aussehen?
Forscherin:	Dort werden die Sommer nicht trockener, sondern feuchter und die Winter werden deutlich wärmer. Die Westwinddrift wird stärker und es wird stürmischer. Das bedeutet für die Nordseeküste eine erhöhte Gefahr von Sturmfluten.

Rep.:	Das klingt ja nicht sehr positiv. Wodurch wird dieser Trend verursacht?
Forscherin:	Vor allem durch das Treibhausgas CO_2.
Rep.:	Und was kann man tun, um diesen Trend aufzuhalten?
Forscherin:	Die Emissionen des Treibhausgases CO_2 müssten sich um 80% verringern. Und das sofort. Wir müssen unsere Wälder retten, besonders auch den tropischen Regenwald, denn sie sind eindeutig ein stabilisierender Klimafaktor. Wir müssen unsere Intelligenz und unsere modernen Technologien sinnvoll einsetzen, um überall Energie zu sparen.

Grammatik

A Students re-read the text on page 116 and find examples of the genitive.

Answers:

Nach einem Bericht der Bundesregierung ...; Reduktion der Treibhausgasemissionen; die Emissionen der "Kyoto-Treibhausgase"; Veränderung der Vegetationzonen ... 30 Prozent ihrer Fläche verloren.; die Auswirkungen des Tourismus; Schutz der biologischen Vielfalt ...

B Students translate the phrases into German.

Answers:

a *die Auswirkungen des Tourismus*
b *die Rolle der Regierung*
c *die Ursachen der Umweltverschmutzung*
d *die Forderungen der Touristen*
e *die Auswirkungen eines Sturms*
f *die Abgase der Autos*
g *die Vorteile einer Flugreise*

5 Students work in groups to prepare a discussion about the topic 'Tourism and climate change'. Person A represents the government and wants to reduce emissions and promote tourism in Germany. Person B owns a ski lift and a restaurant in a low-lying ski resort and is worried about a reduction in tourist numbers. Person C owns a company that sells cheap flights and wants to include more holiday resorts and long distance flights in its programme.

6 Students write a summary on the topic of 'Tourism and climate change'. They should include the points listed.

Grammatik aktuell

Grammar focus
- The conditional
- The subjunctive
- The conditional perfect
- The genitive

Materials
- Students' Book page 118
- Grammar Workbook pages 16, 58, 61, 82–83

1A Students complete the sentences using the conditional tense.

Possible answers:

a *würde ich ... fliegen*
b *würden wir ... besuchen*
c *würde ... reisen*
d *würdest ... fahren*
e *würde ... Aktivurlaub buchen; ... würde lieber einen Strandurlaub machen.*
 Other combinations are also possible.

2A Students read the text and note down all verbs in the subjunctive.

Answers:

Werde ... gewinnen, sei, gehörten, sei, zeige, vorziehe

3A Students match the sentence halves.

Answers:

1 b 2 c 3 d 4 a

3B Students translate the sentences into English.

Answers:

1 *I would have never become a member of Greenpeace, if you hadn't told me about it.*

2 *She would have preferred to go by bike, if there had been more cycle paths.*

3 *My parents would have reduced the electricity consumption in their hotel, if it been had possible.*

4 *We would have gone eco-camping, if there had been spaces.*

4A Students fill in the correct form of the genitive.

Answers:

a *meiner Mutter*
b *der Kreuzfahrt*
c *der Familie*
d *der Kinder*
e *der Ferienbungalows*
f *des Ferienziels*

Einheit 8 Tourismus

Zur Auswahl

Skills focus
- Pronunciation of *z* and *zw*

Materials
- Students' Book page 119
- Solo CD, tracks 19–22

1a Students study the table and find out which 'states' are the most/least popular. They discuss possible reasons for this with a partner.

1b Students make a list of advantages and disadvantages of coach tours and discuss as a class.

 2a Students listen to a text about 'Ecocamping' and take notes on the points listed.

> **p 119, activity 2a**
>
> Wer einen umwelt- und klimafreundlichen Urlaub sucht, sollte nach Rheinland-Pfalz oder ins Saarland reisen. Hier gibt es nämlich das Projekt Ecocamping. Bis jetzt nehmen 20 Campingplätze dieser beiden Bundesländer an diesem Projekt teil. Das Saarland ist zwar das kleinste Bundesland, aber Umweltschutz wird hier ganz groß geschrieben. Worum geht es beim Ecocamping? Man will vor allem versuchen, den Wasserverbrauch zu reduzieren und Energie zu sparen. Die Ecocampingplätze wollen nur ökologische Reinigungsmittel benutzen und mehr Produkte aus der Region und dem einheimischen Anbau verkaufen. Diese ökologischen Maßnahmen bringen natürlich sowohl den Besitzern der Campingplätze als auch den Touristen Vorteile. Wenn man weniger Strom und Wasser verbraucht, muss man weniger bezahlen. Außerdem unterstützt das saarländische Ministerium für Wirtschaft und Arbeit das Projekt finanziell, was ein weiterer Vorteil für die Campingplatzbesitzer ist.

2b Students design a brochure for an 'Ecocamping-site'.

3 Students read the text and answer the questions.

Answers:
a *Atmosfair*
b *sie investiert in Projekte, die den CO₂ Ausstoß einer Reise berechnen und dann die Kosten ausrechnen, die zur Kompensation nötig sind*
c *Solarküchen in Indien, eine Biogasanlage in Thailand, Energiesparen an deutschen Schulen*

Gut gesagt!

 A Students listen to the words and repeat them several times.

> **p 119, activity A**
>
> | | |
> |---|---|
> | Ziel | kurz |
> | Zug | nützlich |
> | Zaun | Unterstützung |
> | Zweig | Sturz |
> | Zwerg | Arzt |
> | Zweck | zwanzig |
> | Einzelzimmer | gezwungen |
> | Jetzt | zwölf |
> | zuletzt | |

 B Students read the sentences, and then listen and check.

> **p 119, activity B**
>
> Setzen Sie sich in den Zug.
> Zwischen zwölf und zwei.
> Zieh jetzt kurz am Seil.
> Zwei Ziegen sitzen vor dem Zaun.

 C Students practise the tongue twister.

> **p 119, activity C**
>
> Zwischen zwei Zelten zwitschern zwölf Zaunkönige.

Wiederholung Einheit 7–8

Materials
- Students' Book pages 120–121
- CD 3, tracks 7–8

1 Students work with a partner to look at the picture and make notes answering the questions. Then they discuss the results in class.

 2 Students listen to the interview and then choose the correct sentences.

Answers:
1 b 2 b 3 a 4 b (4 marks)

> **p 120, activity 2**
>
> Reporter: Kathrin, du warst an der Aktion „Sport macht stark" maßgeblich beteiligt. Kannst du uns zunächst einmal erklären, was das für eine Aktion war und wer sie organisiert hat?
> Kathrin: „Sport macht stark" war das Motto für einen gemeinsamen Sporttag, an dem Behinderte und Nichtbehinderte teilnehmen konnten. Organisiert haben das meine Schule und die Behindertenschule Würzdorf zusammen.

Wiederholung Einheit 7–8

Reporter:	Wer hatte die Idee für den gemeinsamen Sporttag?
Kathrin:	Also, das ist eine lange Geschichte. Meine Freundin Susi hat einen Bruder, der im Rollstuhl lebt und die Behindertenschule Würzdorf besucht. Er heißt Lars und ich verstehe mich gut mit ihm. Lars findet es sehr schade, dass er an der Behindertenschule fast nur Kontakt mit anderen Behinderten hat, und möchte nicht in einem Ghetto leben, wie er es nennt. Obwohl er im Rollstuhl sitzt, ist er sehr sportlich und trainiert für Behinderten-Wettkämpfe. Und eines Tages haben Lars und ich die Idee gehabt, einen Wettkampf zu organisieren, an dem nicht nur Behinderte teilnehmen, sondern auch Jugendliche ohne Behinderung. Das klappt zum Beispiel prima bei einem Staffellauf. Es gibt gemischte Teams mit jeweils zwei Behinderten und zwei Nichtbehinderten in der Mannschaft. Sie laufen immer abwechselnd und das beste Team gewinnt. Das ist ein fairer Wettkampf.
Reporter:	Und was wolltet ihr mit dieser Aktion erreichen?
Kathrin:	Einfach zeigen, dass Behinderte und Nichtbehinderte Spaß miteinander haben können. Viele denken, Behinderte sind arme Würstchen, die sich nicht einmal selber eine Suppe kochen können. Aber das stimmt nicht. Und durch den Sporttag haben manche in meiner Klasse zum ersten Mal einen behinderten Menschen persönlich kennen gelernt. Und jetzt haben sie nicht mehr so viele Vorurteile wie früher. Für Lars und seinen Freund Andi war es klasse, denn ihr Team hat den 400 meter-Staffellauf gewonnen. So konnten sie zeigen, dass auch Behinderte körperlich fit und stark sein können. Das ist ja gut für das Selbstbewusstsein.
Reporter:	Sport macht also stark, nicht nur körperlich, sondern auch moralisch.
Kathrin:	Richtig.
Reporter:	Weißt du von ähnlichen Aktionen anderswo?
Kathrin:	Im Moment nicht, aber es gibt eine nationale Organisation in Deutschland, die die Interessen Behinderter vertritt und viele verschiedene Aktionen initiiert. Die Organisation hieß früher „Aktion Sorgenkind" und nennt sich seit kurzem „Aktion Mensch". Das klingt besser, nicht so von oben herab „Ach, die armen Behinderten!" Da könnte man mal anrufen oder auf der Website nachschauen …
Reporter:	Kathrin, vielen Dank für das Interview.

3a Students read the text about modern-day stress.

3b Students answer the questions.

Answers:

a *Man muss bereit sein, seinen ungesunden Lebensstil zu ändern.*

b *Weil es den Cholesterinspiegel reduziert und vor Herzinfarkt schützen kann.*

c *Weil man seine Tage mit mehr Aktivitäten füllt, sich aber nicht mehr Zeit dafür nimmt.*

d *durch Entspannung, Yoga und Meditation*

e *„Stopping" gibt praktische Ratschläge, wie man die Dinge erkennen kann, die wirklich wichtig sind.*

4a Students divide into two groups for a debate. One group writes a list of positive aspects of sport, the other, of negative aspects of sport.

4b The class then has the debate. Students should use the *Hilfe* box and the *Tipp* from page 33 to help them.

4c Students note all the arguments which were mentioned in the debate and prepare a PowerPoint presentation.

5a Students study the statistics and describe to their partner what is important for Germans on holidays. The partner then describes what is not important for Germans on holiday.

5b Students summarise the results in writing.

6 Students read the advert and choose the four sentences which best reflect its content.

Answers:
a, e, f, h

7a Students match the German with the English expressions.
Answers:

1 d   2 f   3 e   4 a   5 c   6 g   7 b

 7b Students listen to a report about 'Tourism as an employer' and explain what the numbers mean.

Answers:

a *Arbeitnehmer in der Tourismusindustrie*

b *Arbeitnehmer im Gastgewerbe in Niedersachsen*

c *Betriebe*

d *Auszubildende, die sich um eine Stelle im Hotel-und Gastgewerbe bewerben*

e *ein Rückgang im Campingtourismus*

Einheit 8 Tourismus

> p 121, activity 7b
>
> Die deutsche Tourismusindustrie beschäftigt rund 2,8 Millionen Arbeitnehmer. Das bedeutet, dass in keinem anderen Wirtschaftsbereich mehr Arbeitsplätze zur Verfügung stehen, als im Tourismus. Die Arbeitnehmer im touristischen Sektor sind allerdings oft ungelernte Arbeiter oder Teilzeitarbeitskräfte. Die Arbeit ist außerdem oft saisonbedingt und die Arbeitsplätze sind keineswegs sicher.
>
> In Niedersachsen, dem führenden Reiseland Norddeutschlands, arbeiten rund 167 500 Mitarbeiter im Gastgewerbe. Es gibt etwa 25 000 Betriebe, einschließlich Familienbetrieben. Jedes Jahr gibt es über 8 000 Auszubildende, die sich um eine Stelle im Gaststätten- und Hotelgewerbe bewerben.
>
> Obwohl der Tourismus eine wachsende Wirtschaftsbranche ist, waren die Zuwachsraten letztes Jahr niedriger als man sich erhofft hatte. Dazu trug vor allem das schlechte Sommerwetter bei. Trotz des sonnigen Herbstes und des schneereichen Winters konnte man den Verlust nicht ausgleichen. Auch der Campingtourismus litt unter dem schlechten Sommerwetter und erlebte einen info from: www.mw.niedersachsen.de Rückgang von 0,8%.
>
> [info from: www.mw.niedersachsen.de]

8 Students answer the question ' Mass tourism is destroying our climate and landscapes – to what extent do you agree with this statement?' They should write about 200–250 words and use the *Tipp* on page 113 to help them structure their answer.

Schule und Ausbildung
Einheit 9

Unit objectives

By the end of this unit students will be able to:
- Describe and discuss the German school system
- Understand student issues in Germany
- Discuss issues surrounding career choice and employment prospects
- Discuss equality in the workplace
- Discuss the changing work scene

Materials
- CD 3, track 9

Grammar
- Use different registers when speaking
- Use the pluperfect tense
- Use conditional clauses
- Use adjectival and weak nouns

Skills
- Use a monolingual dictionary

Pages 122–123

1 Students work as a class to list all the differences they can think of between German and British schools.

2 Students listen and note down the differences that the German students notice and their opinions about the differences.

Answers:
1. *Unterschied: Schuluniform; Meinung: sehr schlechte Idee (man kann seine Individualität nicht ausdrücken, unbequem)*
2. *Unterschied: Schultag; Meinung: nicht sehr gut gefallen (konnte mich / sich nachmittags überhaupt nicht konzentrieren)*
3. *Unterschied: Kantine; Meinung: tolle Idee (nicht so toll, Brote mitzunehmen)*
4. *Unterschied: nicht sitzen bleiben; Meinung: gut (deutsche Schüler haben sehr viel Stress dadurch)*
5. *Unterschied: wenig Fächer in der Oberstufe; Meinung: erstaunt (gut, dass man Fächer nicht studieren muss, die man hasst, aber die Deutschen bekommen eine bessere Allgemeinbildung)*

---

p 122, activity 2

1. Ich fand die Schuluniform eine sehr schlechte Idee. Man kann seine Individualität nicht ausdrücken und außerdem sieht sie voll unbequem aus. Ich bin froh, dass wir so was in Deutschland nicht haben.
2. Der Schultag hat mir nicht sehr gut gefallen. Ich fand es gut, dass ich morgens länger schlafen konnte, da meine Schule um 7.45 Uhr beginnt, aber ich konnte mich nachmittags überhaupt nicht konzentrieren.
3. Ich fand die Kantine eine tolle Idee. Ich bleibe oft nachmittags in der Schule, weil ich in AGs bin, und muss immer Brote mitnehmen – nicht so toll, besonders im Winter.
4. Ich fand es gut, dass britische Schüler nicht sizten bleiben müssen. Deutsche Schüler haben dadurch sehr viel Stress.
5. Es hat mich erstaunt, dass die Briten in der Oberstufe so wenig Fächer haben. Einerseits ist es gut, weil wir immer noch Fächer lernen müssen, die wir hassen, aber andererseits bekommen wir in Deutschland bestimmt eine bessere Allgemeinbildung.

3a Students match each title to the appropriate text.

Answers:
a 6   b 5   c 1   d 2   e 4   f 3

3b A true/false activity to test understanding further.

Answers:
a F *(manche Kinder besuchen freiwillig den Kindergarten)*
b R
c R
d F *(die Eltern entscheiden, auf welche Sekundarschule ihr Kind geht)*
e R
f F *(nach dem Gymnasium können Schüler auf die Uni gehen)*
g R

Einheit 9 Schule und Ausbildung

  h F *(die Noten von allen Fächern zählen für das Abitur)*
  i R
  j R

4 Students add the list they drew up for activity 1 to the extra information they have now learnt.

5 Students work with a partner to do a role-play. Partner A prefers the British system, while Partner B prefers the German system. Students should refer to the *Hilfe* box on page 123 for support.

6 A written activity which practises both the information learnt about German schools and the perfect tense. This activity could be done for homework.

Schule … und was dann?

Skills focus
♦ Using different registers when speaking

Materials
♦ Students' Book pages 124–125
♦ CD 3, track 10

1 A whole-class activity to list students' ideas about what they will do after school.

2 Students draw spider plans to show the pros and cons of the three options given.

3 A true/false activity to test listening comprehension.

Answers:
a R
b R
c F *(er muss zuerst zur Bundeswehr)*
d F *(er würde gern in einem Büro arbeiten)*
e R
f R
g F *(sie will an der Uni studieren)*
h F *(sie glaubt, dass man mit einem Uni-Abschluss bessere Berufsaussichten hat)*
i F *(um als Umweltforscher zu arbeiten, braucht sie einen Uni-Abschluss)*

---

                                  p 124, activity 3

Int: Thorsten, was sind deine Pläne für die Zukunft?
Thorsten: Ja, ich bin mir noch nicht ganz sicher … ich wollte eigentlich nach dem Abi auf die Uni gehen, aber eigentlich habe ich gar keine Lust mehr. Das dauert so lange und kostet auch so viel Geld. Ich möchte nicht erst in zehn Jahren ins Berufsleben einsteigen. Ich verliere sowieso ein Jahr, da ich nach der Schule zuerst zur Bundeswehr muss. Ich denke eigentlich daran, eine Berufsausbildung zu machen, vielleicht als Bankkaufmann oder so. Ich war in der Schule immer gut in Mathe und würde gern in einem Büro arbeiten. Oder vielleicht werde ich irgendetwas mit Computern machen.
Int: Glaubst du nicht, dass es besser ist, einen Uni-Abschluss zu haben?
Thorsten: Das kommt darauf an. Wenn man Arzt oder so etwas werden will, dann muss man natürlich auf die Uni, aber das ist nichts für mich. Als Bankkaufmann kann ich ziemlich gut verdienen und außerdem muss ich nicht mit 30 Jahren beginnen, die ganzen Studiumsschulden zurückzuzahlen. Auf so was habe ich gar keine Lust.
Int: Und Susi, was wirst du machen?
Susi: Ich interessiere mich vor allem für Umweltschutz und mache nach dem Abitur ein freiwilliges ökologisches Jahr beim Naturschutzbund. Ich möchte ein Jahr Pause machen und auch neue Erfahrungen sammeln. Dann werde ich Biologie oder Ökologie an der Uni studieren.
Int: Die Kosten und die lange Studiendauer schrecken dich also nicht davon ab?
Susi: Nein, eigentlich nicht, weil es wirklich vorteilhaft ist, ein Diplom von der Uni zu haben. Man hat in der Zukunft viel mehr Chancen, einen guten oder einen interessanten Beruf zu bekommen. Ich würde sehr gern als Umweltforscher arbeiten und dafür braucht man unbedingt einen Uni-Abschluss.

---

4 Students read the texts about what three young people have chosen to do after leaving school and fill in the gaps to complete the sentences.

Answers:
a *Berufsausbildung*
b *Betrieb*
c *das duale System*
d *viel*
e *BaföG*
f *Fachrichtung*

5a Students read the text and then answer the true/false questions, correcting any false statements.

Answers:
a F *(sie sind relativ neu in Deutschland)*
b R

96

Schule und Ausbildung **Einheit 9**

c F *(sie glaubt, dass die Fianzierung der Hochschulen eine staatliche Aufgabe ist)*
d R
e R
f F *(Studenten bezweifeln, ob die Situation besser geworden ist)*
g R

5b Students work in pairs to discuss the topic of tuition fees. A is for student tuition fees, B ist against.

6 Students prepare a short speech, in which they give their opinion on student tuition fees. They should use ideas and vocabulary from the text.

7 Students now write a letter to a politician, giving their opinion on student tuition fees.

Tipp

A Students work with a partner to write a list of phrases for expressing agreement and disagreement both formally and informally. To start off, they decide whether the phrases listed are formal or informal expressions.

Answers:
Das ist Quatsch! – informal
Da kann ich Ihnen nicht Recht geben. – formal

B Students then compare their list with the rest of the class.

Was soll ich werden?

Grammar focus
♦ The pluperfect

Materials
♦ Students' Book pages 126–127
♦ CD 3, tracks 11–12
♦ Grammar Workbook page 56

1 Students order the list of reasons for choosing jobs according to their own priorities. You should then draw together the results and compare students' lists.

2 Students listen, then note down which jobs the teenagers plan to do and the reasons for their choices. Point out the vocabulary listed on the page.

Answers:

Sybille: *Beruf: Fernsehproduzentin;* ***Gründe:*** *abwechslungsreich, spannend, interessante Leute kennen lernen, kreativ*

Gerd: *Beruf: Krankenpfleger;* ***Gründe:*** *Zivildienst hat Spaß gemacht, würde gern anderen Leuten helfen und was Nützliches machen.*

Kirsten: *Beruf: Lehrerin;* ***Gründe:*** *arbeitet gern mit Kindern, guter Lebensstandard, Respekt*

Sebastian: *Beruf: Staatsanwalt;* ***Gründe:*** *interessant, verdient gut, gute Aufstiegschancen, viel Verantwortung*

Carina: *Beruf: Stewardess;* ***Gründe:*** *reist gern, interessante Länder besuchen, Vergünstigungen, kontaktfreudig, arbeitet gern mit anderen Leuten zusammen*

---

p 126, activity 2

Int:	Sybille, was sind Ihre Pläne für die Zukunft?
Sybille:	Ich möchte in den Medien arbeiten.
Int:	Als Journalistin?
Sybille:	Nee, ich würde lieber irgendwas mit dem Fernsehen machen, vielleicht als Produzentin oder so.
Int:	Und warum interessieren Sie sich dafür?
Sybille:	Ich stelle es mir sehr abwechslungsreich und spannend vor. Man macht immer was Neues. Auch kann man viele interessante Leute kennen lernen und es ist ziemlich kreativ. Das ist sehr wichtig für mich. Ich möchte keine Routinearbeit machen – ich würde mich zu Tode langweilen.
Int:	Und Gerd, haben Sie sich für einen Beruf entschieden?
Gerd:	Ja, ich möchte Krankenpfleger werden.
Int:	Und warum?
Gerd:	Ich habe meinen Zivildienst in einem Krankenhaus gemacht und es hat voll Spaß gemacht. Ich würde gern anderen Leuten helfen und irgendwas Nützliches machen.
Int:	Und Kirsten, was werden Sie machen?
Kirsten:	Ich werde zuerst auf die Uni gehen und Deutsch und Sport aufs Lehramt studieren.
Int:	Sie werden also Lehrerin. Warum haben Sie diesen Beruf gewählt?
Kirsten:	Ich arbeite gern mit Kindern und ich glaube auch, dass Lehrer einen sehr guten Lebensstandard haben – lange Ferien und so. In Deutschland ist der Lehrerberuf auch gut angesehen. Es ist wichtig, dass ich Respekt bekomme.
Int:	Und Sebastian, was werden Sie machen?
Seb:	Ich werde Jura an der Uni studieren, um dann später Staatsanwalt zu werden.
Int:	Warum wollen Sie das machen?
Seb:	Also, ich stelle es mir recht interessant vor, obwohl es natürlich sehr stressig

Einheit 9 Schule und Ausbildung

> sein kann. Man verdient auch gut und hat gute Aufstiegschancen. Man hat natürlich sehr viel Verantwortung, aber das ist für mich eigentlich ein Vorteil.
> Int: Und Carina, was werden Sie machen?
> Carina: Ich würde sehr gern als Stewardess arbeiten.
> Int: Und warum?
> Carina: Ich reise sehr gern und ich hätte die Möglichkeit, interessante Länder zu besuchen. Die Vergünstigungen für eine Stewardess sind prima, da kann man auch privat billiger fliegen. Ich bin auch sehr kontaktfreudig und ich arbeite gern mit anderen Leuten zusammen. Ich glaube also, dass der Job gut zu mir passen würde.

3a Students read the text 'Ein ungewöhnlicher Beruf'.

3b Students note down the details for Brigitta.

Answers:

Beruf: Sektionsassistentin;
Ausbildung: 1 Jahr, ½ Praktikum;
Arbeitsstunden: 7.30–16.00;
Aufgaben: Neuankömmlinge registrieren, feststellen, ob der Tod natürlich war, die Leichen wiegen und messen und die Organe untersuchen;
Berufsaussichten: Chefin;
Vorteile: Medizin, aber braucht weniger Geduld;
Nachteile: es kann ein Schock sein, mit Leichen umzugehen

3c Students listen to Thomas' description of his job as a media production assistant and note down details for him.

Answers:

Beruf: Mediengestalter;
Ausbildung: 3 Jahre und man brucht entweder die Fachoberschulreife oder das Abitur;
Arbeitsstunden: keine festen Arbeitszeiten;
Aufgaben: einen Drehtag organisieren, sorgen, dass genügend Kameras am Set sind, die Kosten kalkulieren und auch das Personal organisieren;
Berufsaussichten: an immer größeren Projekten arbeiten oder sich auf ein bestimmtes Gebiet zu spezialisieren;
Vorteile: spannend, die Kombination von Technik und Kreativität, macht Spaß, Stars kennen zu lernen, kann dann auch sehr gut verdienen;
Nachteile: nicht unbedingt glamourös, muss gut organisiert und flexibel sein, schwierig, einen Ausbildungsplatz zu bekommen, kann von 9 Uhr bis Mitternacht arbeiten.

> P 126, activity 3c
> **Thomas:**
> Guten Morgen. Ich möchte Ihnen heute kurz die Arbeit eines Mediengestalters schildern und Ihnen ein paar Tipps geben, wie Sie am besten einen Arbeitsplatz finden, wenn Sie sich für einen solchen Beruf interessieren. Dann können Sie am Ende gerne Fragen stellen.
> Als Mediengestalter bin ich für die elektronische Produktion von Werbespots, Lehrfilmen oder Musikvideos verantwortlich. Eine meiner Hauptaufgaben besteht darin, einen Drehtag zu organisieren, das heißt sorgen, dass genügend Kameras am Set sind, die Kosten kalkulieren und auch das Personal organisieren. Die Arbeit ist nicht unbedingt glamourös. Man muss sehr gut organisiert und flexibel sein, obwohl es schon recht spannend ist, an einer großen Filmproduktion zu arbeiten. Die Ausbildung dauert drei Jahre und man braucht entweder die Fachoberschulreife oder das Abitur, um einen Ausbildungsplatz zu kriegen. Jedoch ist es sehr schwierig, einen Ausbildungsplatz zu bekommen und es hilft, wenn man schon ein Praktikum gemacht hat oder sonstige Erfahrung hat.
> Es gibt keine festen Arbeitszeiten – ein Nachteil an dem Job ist, dass man manchmal morgens um 9 anfängt und erst um Mitternacht heimgeht. Auf der anderen Seite gefällt mir die Kombination von Technik und Kreativität und es macht auch Spaß, ab und zu ein paar Stars kennen zu lernen. Als Mediengestalter sind die Berufsaussichten gut. Man kann sich raufarbeiten, um an immer größeren Projekten zu arbeiten, oder man kann sich auf ein bestimmtes Gebiet spezialisieren, beispielsweise auf Digitalmedien. Man kann dann auch sehr gut verdienen.

4a Students read the text and complete the sentences.

Answers:

a ... *werden arbeitslos.*
b ... *mit Kindern arbeiten.*
c ... *waren wiederholt erfolglos.*
d ... *waren Muriels Noten nicht besonders gut.*
e ... *übertrifft die im Westen.*
f ... *um einen Job zu finden.*
g ... *ist oft eine Folge von Arbeitslosigkeit.*

4b Students re-read the text and answer the questions in German.

Answers:

a *Es gab nicht viele Arbeitsplätze und ihre Noten waren nicht sehr gut.*
b *Sie hat sich deprimiert gefühlt.*
c *Malte möchte Elektriker werden.*
d *umziehen*

Schule und Ausbildung **Einheit 9**

e *Minderwertigkeitsgefühle; Kriminalität und Drogenmissbrauch*

5 Use the two quotes to discuss student attitudes to work – do they perceive it as something positive or negative?

6 Students summarise their views on this topic in writing.

Grammatik

A Students find examples of the pluperfect tense in the text and note them down.

Answers:
hatte Muriel gehofft; Sie hatte ... verschickt; Es war .. geworden; Ich hatte ... bekommen; Malte hatte sich ... beworben; Ich hatte gehofft

B Students put the sentences into the pluperfect.

Answers:
a *Claudia hatte sich wiederholt beworben.*
b *Die Firmen hatten ihre Bewerbungen abgelehnt.*
c *Malte war zu seiner Tante gezogen.*
d *Er hatte sich am Anfang allein gefühlt.*

Das ist kein Job für eine Frau ...

Grammar focus
♦ Conditional clauses

Materials
♦ Students' Book pages 128–129
♦ CD 3, track 13
♦ Grammar Workbook page 60

1 As a class, students list careers which are stereotypically male or female.

2a Students read the texts about whether equality really exists in the workplace.

2b Students match the statements to the appropriate speaker.

Answers:
a *Arndt*
b *Thomas*
c *Eike*
d *Carsten*
e *Arndt*
f *Eike*

3 Students read the text and answer the questions in German.

Answers:
a *sie arbeiten teilzeit oder verzichten auf Beförderungen*
b *die Unterstützung ihres Partners und ihres Chefs*
c *sie hat den gesetzlich garantierten Erziehungsurlaub von 36 Monaten in Anspruch genommen*
d *sie hat eine wunderbare Tagesmutter gefunden, und ihr Mann hat sie total unterstützt*
e *man kann nicht so weit kommen, weil man weniger flexibel ist*
f *sie hat manchmal ein schlechtes Gewissen, dass sie ihren Sohn vernachlässigt*
g *mehr finanzielle Unterstützung und flexiblere Arbeitsstunden*
h *die Wirtschaft braucht talentierte Frauen*

 4 Students listen and note down the opinions of the four young people.

Answers:
Peter: ja, wenn die Kinder älter sind (5 oder 6 Jahre alt)
Susannah: ja, Teilzeit
Elke: ja, meine Mutter hat immer gearbeitet, ich bin selbständiger geworden
Friedrich: nein, sie sollen sich um die Kinder kümmern

p 129, activity 4

Moderator:	Sollen Mütter arbeiten? Wir haben vier junge Leute um ihre Meinung gefragt. Zuerst Peter.
Peter:	Ich finde nicht, dass Mütter arbeiten sollen, wenn die Kinder noch sehr klein sind. Kinder brauchen dann einfach ihre Mütter. Eine Tagesmutter kann sie nicht ersetzen. Ich finde es aber ganz in Ordnung, dass Mütter wieder arbeiten, wenn die Kinder ein bisschen älter sind, sagen wir mal fünf oder sechs Jahre alt.
Moderator:	Dann kam Susannah.
Susannah:	Ah, das ist eine schwierige Frage. Ich möchte bald Kinder bekommen, aber ich habe keine Lust, auf meine Karriere zu verzichten. Ich glaube nicht, dass Mütter Vollzeit arbeiten sollten, aber Teilzeit, das ist ganz in Ordnung.
Moderator:	Und Elke.
Elke:	Meine Mutter hat immer gearbeitet und das hat mir nicht geschadet. Ich bin sogar dadurch selbständiger geworden. Wiederum, warum müssen es immer die Mütter sein, die auf ihre Karriere verzichten? Männer können sich genauso gut um Kinder kümmern.

Einheit 9 Schule und Ausbildung

Moderator:	Und, last, not least, Friedrich.
Friedrich:	Nein, sie sollen nicht arbeiten. Sie sollen zu Hause bleiben und sich um die Kinder kümmern. Wozu Kinder haben, wenn man gleich wieder arbeiten geht?

5 Students use ideas and vocabulary from activity 2 and the texts to discuss whether mothers should go out to work.

6 Students practise the new vocabulary and also conjunctions by writing up their opinion about working mothers. This could be done for homework.

Der neue Arbeitsmarkt

Grammar focus
- Weak and adjectival nouns

Skills focus
- Using a monolingual dictionary

Key language
- wegen der europäischen Einheit
- wenn man von zu Hause aus arbeitet
- man hat mehr Flexibilität
- man verliert den Kontakt zu anderen Mitarbeitern
- man kann seinen Tag selbst planen

Materials
- Students' Book pages 130–131
- CD 3, track 14
- Grammar Workbook page 6

1 Discuss statements a–h with the whole class as an introduction to the subject of today's labour market.

2 Students read the texts about working in another EU country and working from home and find the equivalent German phrases from the texts.

Answers:
a *vorausgesetzt*
b *gut ausgebildet sein*
c *die Niederlassungsfreiheit*
d *die Fortbildung*
e *vergebens*
f *sich mit etwas abfinden*
g *sich in Verbindung setzen mit*

3 A true/false activity to test students' reading comprehension.

Answers:
a R
b R
c F *(ihre Berufsaussichten werden sich verbessert haben)*
d F *(sie hatten keine Wahl)*
e F *(Katharina hatte eine Stelle gesucht)*
f R
g F *(sie vermisst es, im Büro zu arbeiten)*

 4 Students listen to the interviews and finish off the sentences.

Answers:
a *Möglichkeiten mit sich gebracht*
b *eine Stelle suchen*
c *von zu Hause aus arbeiten*
d *und das Familienleben zu trennen*
e *nach Deutschland kommen und Arbeitsplätze annehmen*
f *Frauen mit Kindern*
g *sind die flexiblen Arbeitszeiten*

p 131, activity 4

Jens:	Karl, denkst du, dass du in Zukunft in einem anderen europäischen Land arbeiten wirst?
Karl:	Ja, ich glaube, dass die EG in dieser Hinsicht sehr viele Möglichkeiten mit sich gebracht hat. Man kann sich jetzt eine Stelle suchen, wo man leben möchte, und ich finde das ganz toll.
Jens:	Würdest du gern von zu Hause aus arbeiten?
Karl:	Nein, ich möchte mein Berufsleben und mein Familienleben trennen. Auch stelle ich mir das sehr einsam vor, alleine zu Hause zu arbeiten.
Jens:	Was meinst du, Daniela?
Daniela:	Ich würde schon gern im Ausland arbeiten, aber die EG hat auch Nachteile mitgebracht – Ausländer können jetzt genauso gut nach Deutschland kommen und Arbeitsplätze nehmen. Es gibt also mehr Konkurrenz.
Jens:	Was hälst du von Telejobs?
Daniela:	Das könnte ganz toll sein, besonders für Frauen mit Kindern. Man hat auch flexible Arbeitszeiten, aber ich finde, dass es einfach zum Berufsleben gehört, dass man ins Büro geht und zusammen mit anderen Leuten arbeitet.

5a Students use the questions to carry out a survey.

5b Discuss the results of the survey as a class. Encourage students to use the expressions in the *Hilfe* box.

Grammatik

1A Students find other examples of adjectival nouns in the texts on page 130.

Answers:
Arbeitssuchende, Deutsche, Fremde, Schöne, Zehnte, Flexibilität

1B Students add the correct endings to the adjectival nouns.

Answers:
a *Ich habe eine enge Freundschaft mit einem Deutschen aus meiner Klasse.*
b *Bei dem Unfall gab es nur einen Verletzten.*
c *Das Beste an der Arbeit ist, dass man viele Reisemöglichkeiten hat.*

2A Students see how many weak nouns they can find in the texts on page 130.
Answers:
Menschen, Fremde, Zehnte, Freunde

2B Students translate the sentences into German.

Answers:
a *Ich habe einen netten Kollegen.*
b *Ich möchte mit Menschen arbeiten.*
c *Der Junge wohnt in einem Haus mit den anderen Assistenten.*

Grammatik aktuell

Grammar focus
♦ Pluperfect tense
♦ Conditional clauses
♦ Weak and adjectival nouns

Materials
♦ Students' Book page 132
♦ Grammar Workbook pages 56, 60, 6

1A Students change the sentences from the perfect to the pluperfect tense.

Answers:
a *Ich hatte in einem Büro gearbeitet.*
b *Ich war jeden Tag mit der Straßenbahn zur Arbeit gefahren.*
c *Er hatte wenig Geld verdient.*
d *Wir hatten eine neue Stelle gesucht.*

1B Students now put the verbs in the sentences into the pluperfect tense.

Answers:
a *Sabine hatte an Minderwertigkeitsgefühle gelitten.*
b *Viele Kolleginnen hatten auf eine Karriere verzichtet.*
c *Ich hatte einen neuen Arbeitsplatz bekommen.*
d *Er hatte viele Bewerbungen verschickt.*
e *Hattest du schon etwas über Berufe in der EU gehört?*

2A Students finish off the conditional sentences with ideas of their own.

2B They now write the sentences from activity 2A in the past tense of the conditional.

3A Students identify the weak nouns, the adjectival nouns and nouns which are neither.

Answers:
a *der Junge – weak*
b *der Nachbar – weak*
c *der Krankenpfleger – neither*
d *der Arbeitslose – adjectival*
e *der Fremde – adjectival*
f *der Franzose – adjectival*
g *der Lehrer – neither*
h *der Mensch – weak*
i *der Mann – neither*
j *der Kollege – weak*

3B Students now write a sentence using each of the weak and adjectival nouns they have identified.

Zur Auswahl

Skills focus
♦ Using a monolingual dictionary

Materials
♦ Students' Book page 133
♦ Solo CD, track 23

1a Students read the poem.

1b Use the questions to encourage students to think about the issues raised by the poem.

2a Use the picture to discuss with students whether the old male/female stereotypes still exist.

2b Students work in small groups and prepare an answer to one of the questions.

2c Students summarise their views on the topic from activity 2b in writing.

 3 Students listen to the interview with Eva and answer the questions.

Answers:
a *Mindestens ein halbes Jahr.*
b *Sie wollte nach dem Abi ein Jahr Pause machen und ihre Sprachkenntnisse verbessern.*
c *Sie hat sich bei einer Agentur beworben.*
d *20 Stunden in der Woche arbeiten und dann noch ein- oder zweimal in der Woche Babysitting machen.*
e *Die Kinder von der Schule holen, ein paar Brote machen, ihnen beiden Hausaufgaben helfen, sich*

Einheit 9 Schule und Ausbildung

einfach um sie kümmern, bis die Eltern nach Hause kamen, auch ein bisschen kochen.
f *Weil die Eltern beide gearbeitet haben.*
g *Sie war sehr lieb und die Kinder total süß.*
h *Wenn man Probleme mit der Familie hat, kann man Unterstützung bekommen oder sogar die Familie wechseln.*

---

p 133, activity 3

Moderator/in: Guten Abend, liebe Zuhörer. Das Thema von heute ist im Ausland jobben. Für Jugendliche, die im Ausland arbeiten wollen, gibt es eine Vielfalt an Angeboten. Einer der beliebtesten Wege, besonders für Mädchen, die einen Aufenthalt von mindestens einem halben Jahr wünschen, ist als Aupairmädchen. Eva hat gerade ein Jahr als Aupairmädchen in Frankreich verbracht. Guten Abend, Eva.
Eva: Guten Abend.
Moderator/in: Warum wollten Sie also au pair arbeiten?
Eva: Tja, nach dem Abi wollte ich ein Jahr Pause machen und da ich eben Französisch studieren wollte, war es eine Möglichkeit, meine Sprachkenntnisse zu verbessern.
Moderator/in: Wie haben Sie also die Aupairstelle gefunden?
Eva: Ich habe mich bei einer Agentur beworben und sie hat mir die Familie vermittelt.
Moderator/in: Und was waren Ihre Aufgaben in der Familie?
Eva: Als Aupairmädchen soll man 20 Stunden in der Woche arbeiten und dann noch ein- oder zweimal in der Woche Babysitting machen. Ich habe erst um 15 Uhr angefangen, da ich die Kinder von der Schule holen sollte. Sie waren 7 und 9 Jahre alt. Ich habe sie dann nach Hause gebracht und habe ein paar Brote gemacht, ihnen mit den Hausaufgaben geholfen, mich einfach um sie gekümmert, bis die Eltern nach Hause kamen. Das war meistens so gegen 19 Uhr. Ich habe gegen 17 Uhr mit den Kindern gegessen, so habe ich auch ein bisschen gekocht.
Moderator/in: Und wie war es in der Familie? Man hört so oft Horrorgeschichten von Aupairmädchen.
Eva: Die Familie war sehr lieb und die Kinder total süß, ich habe also Glück gehabt. In meinem Sprachkurs gab es aber schon ein paar Mädchen, die von den Familien ausgenutzt wurden und alles im Haushalt machen mussten.
Moderator/in: Würden Sie das also anderen Mädchen empfehlen?
Eva: Auf jeden Fall, aber ich glaube, dass es wichtig ist, eine Agentur zu haben. Dann, wenn man noch Probleme mit der Familie hat, kann man Unterstützung bekommen oder sogar die Familie wechseln.
Moderator/in: Danke für das Gespräch.

Tipp

A Students look up the words listed in a monolingual dictionary and find at least one suitable alternative for each.

Wiederholung Einheit 9

Materials
- Students' Book pages 134–135
- CD 3, tracks 15–16

1 Students read the text and find words or phrases with the same meaning as those listed.

Answers:
a *getrennte Schulen*
b *besser abschneiden*
c *wenig zu Wort kommen*
d *unterstützen*

2 Students read the text again and choose the correct answer.

Answers:
a *genauso*
b *positiv*
c *bessere*
d *halten Frauen davon ab*
e *mehr*
f *für*

3 Students translate the last paragraph 'In den USA … Zuhören-Können' into English. They should use the *Tipp* to help them.

4 Students listen and make notes about Britta's experiences at a girls' school and a mixed school.

Wiederholung Einheit 9

Answers:

Warum: Mädchenschule: *diese war eben bei ihr in der Nähe;* **gemischte Schule:** *ihre Eltern sind umgezogen*

Vorteile: Mädchenschule: *die Klassengemeinschaft war sehr eng; auch kann man sich in der Schule nur aufs Lernen konzentrieren;* **gemischte Schule:** *es ist normaler, Jungen als Kumpels zu haben, als nur Kontakt zu Mädchen zu haben, eine bessere Vorbereitung aufs Leben*

Nachteile: Mädchenschule: *kannte fast keine Jungen und hatte auch fast Angst vor Jungen;* **gemischte Schule:** *die Jungen haben im Unterricht mehr gestört und sie trauen sich schon mehr, im Unterricht etwas zu sagen*

---

p 135, activity 4

Int.: Also, Britta, du warst zuerst in einer reinen Mädchenschule und dann in einer gemischten Schule, nicht wahr?

Britta: Ja, ich bin nach der Grundschule auf ein Mädchengymnasium gekommen. Es gibt nicht mehr so viele getrennte Schulen in Deutschland, aber diese war eben bei mir in der Nähe und hatte einen sehr guten Ruf. So haben meine Eltern mich dorthin geschickt, aber eher weil es praktisch war als aus irgendwelchen ideologischen Gründen.

Int.: Und hat es dir dort gefallen?

Britta: Ja, ich hatte dort sehr viele Freundinnen und die Klassengemeinschaft war sehr eng. Mit Jungen in der Klasse gibt es eine andere Atmosphäre.

Int.: Und wieso bist du auf eine gemischte Schule gekommen?

Britta: Meine Eltern sind umgezogen, als ich in der 10. Klasse war, und ich bin halt auf eine neue Schule gegangen und das war eben eine gemischte Schule.

Int.: Und wie hast du diese Schule gefunden?

Britta: Ich muss sagen, ich finde es schon besser, wenn Jungen und Mädchen zusammen in einer Klasse sind. Sie lernen besser miteinander umzugehen. Als ich in der Mädchenschule war, kannte ich fast keine Jungen und ich hatte auch fast Angst vor Jungen. Jetzt habe ich eben viele Jungen als Kumpels und ich finde das halt normaler als nur Kontakt zu Mädchen zu haben.

Int.: Und wie ist es im Unterricht?

Britta: Naja, es stimmt schon, dass die Jungen mehr Aufmerksamkeit bekommen. Als wir jünger waren, haben sie im Unterricht mehr gestört und sie trauen sich schon mehr, im Unterricht etwas zu sagen. Es ist natürlich nicht immer der Fall, aber in der Regel stimmt es schon.

Int.: Studien haben bewiesen, dass Mädchen in getrennten Schulen mehr Fortschritte machen. Glaubst du auch, dass das stimmt?

Britta: Ja, das kann ich schon glauben. Auch kann man sich in der Schule nur aufs Lernen konzentrieren. Wenn man Liebeskummer hat oder so, ist das in der Schule kein Thema, weil der Freund eben nicht da ist, aber die Schule soll uns aufs Leben vorbereiten und deshalb finde ich es besser, in einer gemischten Schule zu sein.

---

5 Students work as a class to debate co-education. They decide whether they are for it or against it. They should refer to the *Tipp* on page 85, *Structuring a debate*, and should use ideas and vocabulary from the text and activity 2.

6 Students write a letter expressing their opinion about the women-only education in Wilhelmshaven. They should use the *Hilfe* box for help.

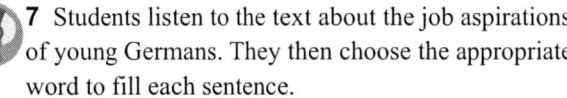

7 Students listen to the text about the job aspirations of young Germans. They then choose the appropriate word to fill each sentence.

Answers:

a *immer noch*

b *der Medizin*

c *populärer*

d *sehr wichtig*

e *Sowohl die Kinder als auch die Geschäftsführer*

f *die mit anderen gut zusammenarbeiten*

g *die eine Allgemeinbildung haben* (1 mark each)

---

p 135, activity 7

Immer mehr Jungen wollen Fußballer werden, Mädchen träumen dagegen von einer Karriere als Ärztin. In einer Umfrage des Münchener Instituts für Jugendforschung erklärten 14,5% der Jungen, Kicker sei ihr Traumjob. Auf Platz zwei kam Polizist, gefolgt von Pilot und Kfz-Mechaniker. Bei Mädchen steht der Umfrage zufolge Helfen hoch im Kurs. Mehr als ein Viertel möchten Tierärztin, Ärztin oder Krankenschwester werden. Model oder Schauspielerin liegen bei den Berufswünschen der Mädchen erst hinter Polizistin oder Lehrerin. Zum ersten Mal tauchten Computerberufe auf der Liste von Jungen (4,1%) und Mädchen (1%) auf. Und welche Kompetenzen werden sie in der künftigen Arbeitswelt brauchen? Die meisten nannten eine gute Ausbildung, Computer- und Sprachkenntnisse als wichtige Eigenschaften, Kompetenzen, die auch in der Wunschliste von Geschäftsführern auftauchen. Die Umfrage nannte auch gute

Einheit 9 Schule und Ausbildung

> Kommunikationsfähigkeiten, Flexibilität und Teamfähigkeiten als wichtige persönliche Eigenschaften. Auch sucht die Wirtschaft Mitarbeiter, die fließend Englisch sprechen und eine gute Allgemeinbildung haben – „Bloß keine Fachidioten, die nichts anderes im Kopf haben", meinte der Direktor eines großen Kölner Medienhauses.

8 Discussing these questions with a partner gives students the opportunity to revise the vocabulary and information they have learnt in this unit.

9 Students write about 150 words on the topic of work in the future.

Alles wiederholen!

Listening

Materials
- Students' Book page 136
- CD 3, tracks 17–19

1a Students listen and choose the correct answers.

Answers:
a ii b iii c i

> p 136, activity 1
>
> Int: Einige Leute, darunter Vertreter von Jugendorganisationen, fordern eine Verschärfung der Gesetze, was den Alkoholkonsum von Jugenlichen angeht. Unser Reporter befragt Eltern: Was meinen Sie dazu?
> Int: Anke Helfrich
> A.H.: Ich finde, die Gesetze sind streng genug. Nach dem Jugendgesetz dürfen alkoholische Getränke wie Bier und Wein nur an Jugendliche ab 16 abgegeben werden und schärfere Getränke wie Whiskey, Schnaps usw. nur an Erwachsene. Das ist meiner Meinung nach richtig. Wenn die Gesetze zu streng sind bzw. der Alkohol durch Steuern unmöglich teuer gemacht wird, dann hat das genau die falsche Wirkung. Das sieht man zum Beispiel in Schweden: Sobald junge Schweden das Land verlassen, besaufen sie sich hoffnungslos.
> Int: Peter Ensslin
> P.E.: Gesetze haben relativ wenig Einfluss auf das Verhalten von jungen Menschen. Meiner Meinung nach ist es wichtig, dass Jugendliche rechtzeitig lernen, mit Alkohol umzugehen. Das heißt, sie sollen möglichst im Elternhaus Bier und Wein kosten – nätürlich in kleinen Mengen – und lernen, dass man nicht zu viel trinkt. Alkohol ist eine Droge, die in unserer Gesellschaft überall präsent ist. Man kann nicht so tun, als gäbe es keinen Alkohol. Wichtig ist jedoch auch, die allgemeine Macho-Trinkkultur zu ändern, die besagt, dass wer keinen Alkohol trinkt, kein richtiger Mann ist.
> Int: Gudrun Bader
> G.B: Ich bin schon dafür, die Gesetze zu verschärfen. Meiner Meinung nach ist es zu einfach für Jugendliche, sich nach Strich und Faden zu betrinken. Sie können überall Alkohol kaufen. In den meisten Geschäften fragt doch keiner nach dem Personalausweis. Und auf dem Kinderspielplatz hinter unserem Haus treffen sich regelmäßig Banden von Jugendlichen. Dort sieht man sogar schon 14-jährige mit der Bierflasche. Für Kinder ist der Spielplatz völlig ungeeignet. Und sobald mehr als zwei oder drei zusammen sind, gibt es Streit und Schlägereien. Wenn die Verkäufer von Alkohol mehr Angst vor schweren Geldstrafen hätten, hätten wir vielleicht weniger Alkoholismus und vor allem auch weniger Gewalt unter Jugendlichen.

1b Students answer the questions in German.

Answers:
a das hat die falsche Wirkung auf das Verhalten von Jugendlichen
b sie besaufen sich
c sie sollen im Elternhaus Alkohol kosten und lernen, dass man nicht zu viel trinkt
d wer keinen Alkohol trinkt ist kein richtiger Mann
e es ist zu einfach für Jugendliche, Alkohol zu kaufen
f Jugendliche trinken Alkohol dort und es gibt oft Streit und Schlägereien
g mit schweren Geldstrafen

2 Students listen to the report about Nuria des Saz and choose the four sentences from the list that best describe the report.

Answers:
a, b, c, e

> p136, activity 2
>
> Nuria des Saz ist Nachrichtensprecherin bei dem spanischen Fernsehsender Canal 2. Eigentlich nichts Ungewöhnliches, aber Nuria ist seit ihrem 13. Lebensjahr blind. Nach einem erfolgreichen Schulabschluss studierte die 24-Jährige Journalistik und ging auf eine Talkshow, um von ihrem Studium zu erzählen. Eigentlich wollte sie zeigen, dass auch Blinde an der Uni erfolgreich sein können. Der Chef des Senders hat sie dann zum Casting eingeladen. Seit Herbst letzten Jahres ist sie bei der Sendung. War es für sie als Blinde schwer, für ein visuelles Medium zu arbeiten? „Nein," behauptet sie „am Anfang hatte ich Angst, dass ich vergesse, wo die Kamera steht, aber inzwischen denke ich, dass ich nur einen Job mache und das ist schließlich das Normalste der Welt." Und wie haben die Kollegen reagiert? „Sie sind alle sehr hilfsbereit. Ich glaube, sie vergessen sogar ab und zu, dass ich blind bin. Nur meinem Hund gefällt die Arbeit nicht so gut – er darf nicht ins Studio rein." Nuria sieht auch gern fern. „Hell und dunkel, das kann ich noch unterscheiden", sagt sie. „Und die Nachrichten verpasse ich nie."

Alles wiederholen!

3 Students listen to the report and complete the sentences.

Possible answers:

a ... nur für Film und Fernsehen ausbildet
b ... ist sie zum ersten Mal auf die Bühne getreten
c ... in Theatergruppen gespielt
d ... auf das Gymnasium wechseln und das Abitur machen
e ... Arbeitslosigkeit
f ... müssen Filmschauspieler alles weniger betonen
g ... besser als das Fernsehen sei
h ... es mehr Rollen gibt
i ... spielt jeder Schauspieler drei Szenen in einem Film

> p 136, activity 3
> Annette geht auf die Filmschule in Köln. Für sie ist ein Traum in Erfüllung gegangen, als sie lernte, dass sie einen Platz bekommen hatte – denn sie ist die einzige Schule in Deutschland die nur für Film und Fernsehen ausbildet. Annette wollte schon immer Schauspielerin werden, ist mit sechs das erste Mal auf die Bühne getreten und hat seitdem immer in Theatergruppen gespielt, aber das war immer nur ein Hobby. Nach der Realschule wollte sie nicht aufs Gymnasium wechseln und das Abitur machen – dann hörte sie von der Kölner Schule und bewarb sich. Der Beruf des Schauspielers ist sehr beliebt bei jungen Menschen, doch ist es kein leichter Job. Es gibt viel zu lernen und die Konkurrenz ist groß. Viele Schauspieler sind arbeitslos und verdienen ihr Geld mit anderen Tätigkeiten. Trotzdem hat Annette schon ein paar kleine Rollen im Fernsehen gespielt. Im Fernsehen muss man anders tun als im Theater. Auf der Bühne muss man alles betonen – im Fernsehen nicht und damit haben viele Theaterschauspieler oft Probleme. Auch herrscht oft die Meinung, dass die Theaterbühne etwas "Besseres" sei als das Fernsehen – doch beim Fernsehen gibt es viel mehr Rollen. In der Kölner Filmschule lernt man auch in Seifenopern und in Actionszenen zu spielen. Zum Abschluss der Ausbildung spielt jeder Schauspieler in einem kleinen Film drei Szenen vor. Damit kann er sich bewerben.

Reading

Materials

♦ Students' Book pages 137–138

1 Students read the text and choose the five sentences that best describe it.

Answers:
a, b, d, e, g

2 Students answer the questions in German.

Answers:

a Sie schmecken total fade und sind zu teuer.
b Er arbeitet von Montag bis Freitag von 9 bis 5 Uhr.
c Er betrachtet zwei oder drei Uhr als früh.
d Er braucht sich nicht extra zu entspannen. Er mag Ruhe und langsam gehen.

3 Students read the text, complete sentences a–f and answer g and h.

Answers:

a ... es unterhaltsam ist oder wir ihn für unsere Arbeit brauchen.
b ... dass zu viel Zeit vor dem Computer ungesund ist.
c ... kann man Entzündungen im Arm oder im Handgelenk bekommen.
d ... wenn man mehr als zwei oder drei Stunden am Computer sitzt.
e ... von der Seite kommen.
f ... eine hohe Rückenlehne hat.
g Man kann Entzündungen im Arm oder Handgelenk, eine Verkrampfung des Rückens und Nackens, Nervosität, müde und trockene Augen bekommen.
h Man sollte einen Abstand von mindestens 40cm zwischen Computer und Augen haben, einen bequemen Stuhl benutzen und oft Pause machen.

4 Students match the names in list A with the appropriate paragraphs in list B.

Answers:
Kai: 6, Annabella: 3, Dominik: 1, Daniela: 4. Mario: 2, Lena: 5

Speaking

Materials

♦ Students' Book page 139

1 Students look at the material and prepare responses to the questions given.

2 Students look at the material and prepare responses to the questions given.

3 Students read the quotations and discuss them with a partner.

4 Students work in pairs. Person A is 17 years old and wants to travel to India with a friend during the Summer holidays to work for an aid organisation. Person B is their mother or father and is against them going. Each partner must persuade the other one. They should use the ideas listed to help them.

5 Students work in pairs to discuss how their lives differ from that of their parents. They should include the points listed.

Writing

Materials
♦ Students' Book page 140

1 Students write an article on the media: which of the media offer the most advantages, and how do they see the future?

2 Students write about problems facing young people. They should use the ideas presented in the illustrations to help them and / or their own ideas.

3 Students write an article for a youth magazine persuading young people to spend less time on the computer.

4 Students give a written account of what they are expecting from a family holiday that they would rather not go on and what they would like to do instead. They can use the ideas in the illustrations as guidance, and / or their own ideas.

5 Students write about gadgets that they can't do without, explaining why.

6 Students write an article entitled „*Die Schule ist keine Vorbereitung für das Leben.*" *Was meinen Sie dazu?*. They should give arguments for and against as well as stating their own opinion.

Grammar

Materials
♦ Students' Book pages 141–143

Cases and adjective endings
1 Students complete the passage by filling in the correct case and adjective endings.

Answers:
1 *eine* 2 *schöne* 3 *der* 4 *das* 5 *weltberühmte*
6 *die* 7 *des* 8 *Fests* 9 *das* 10 *gute*
11 *deutsche* 12 *traditionellen* 13 *der* 14 *eine*
15 *große* 16 *historische* 17 *ein* 18 *lebendiges*
19 *den* 20 *interessanten* 21 *das* 22 *Deutsche*
23 *dem* 24 *einen* 25 *der* 26 *modernen* 27 *dem*
28 *freundlichen* 29 *dem* 30 *eine*

Prepostions and cases
2 Students fill in the correct article ending after each preposition.

Answers:
1 *meiner* 2 *dem* 3 *dem* 4 *den* 5 *der* 6 *des*
7 *einen* 8 *der* 9 *einen* 10 *einer* 11 *den*
12 *deiner*

Relative clauses
3 Students join the sentences using an appropriate relative pronoun.

Answers:
a *Hamburg ist eine schöne Stadt, die für jeden was zu bieten hat.*
b *Der Stadtteil St Paul liegt in der Stadtmitte, die viele Kneipen und Discos hat.*
c *Hamburg hat auch ein Opernhaus, das für die Qualität seiner Veranstaltungen bekannt ist.*
d *Die "Beatles" haben Konzerte in einer Kneipe in Hamburg gegeben, die sich in der Reeperbahn befindet.*
e *Hamburg ist auch für seinen Hafen bekannt, der einer der größten in Europa ist.*

4a Join the sentences using an appropriate conjunction.

Possible answers:
a *Obwohl das Rauchen an vielen Arbeitsplätzen verboten ist, haben weniger Leute aufgegeben als erhofft.*
b *Manche Leute rauchen weniger starke Zigaretten, aber sie geben nicht auf.*
c *Man spurt positive Auswirkungen auf die Gesundheit, sobald man aufhört.*
d *Viele geben auf, damit sie ihre Gesundheit nicht mehr gefährden.*

4b Students write a sentence on the topic of smoking using each of the conjunctions listed.

Tenses
5 Students write out the verbs listed in the present, perfect, imperfect and future tenses.

Answers:
a *er macht, er hat gemacht, er machte, er wird machen*
b *du schwimmst, du hast geschwommen, du schwammst, du wirst schwimmen*
c *wir sehen, wir haben gesehen, wir sahen, wir werden sehen*
d *Sie waschen ab, Sie haben abgewaschen, Sie wuschen ab, Sie werden abwaschen*
e *sie leidet, sie hat gelitten, sie litt, sie wird leiden*
f *ihr kommt an, ihr seid angekommen, ihr kamt an, ihr werdet ankommen*
g *sie verbringen, sie haben verbracht, sie verbrachten, sie werden verbringen*

Alles wiederholen!

h *es gefällt, es hat gefallen, es gefiel, es wird gefallen*

i *ich empfange, ich habe empfangen, ich empfing, ich werde empfangen*

j *sie steht, sie ist gestanden, sie stand, sie wird stehen*

k *er amüsiert sich, er hat sich amüsiert, er amüsierte sich, er wird sich amüsieren*

l *Sie fragen, Sie haben gefragt, Sie fragten, Sie werden fragen*

m *ihr läßt, ihr habt gelassen, ihr ließt, ihr werdet lassen*

n *sie sagen, sie haben gesagt, sie sagten, sie werden sagen*

6 Students rewrite the passage in the perfect and imperfect tenses.

Answers:

Perfect:
Ich habe in den Sommerferien in einem Hotel in Süddeutschland in der Nähe von den Alpen gearbeitet. Ich habe hauptsächlich im Restaurant gearbeitet – ich habe jeden Tag um sechs aufstehen müssen, weil das Frühstück um sieben Uhr begonnen hat und wir haben zuerst Kaffee kochen und die Tische decken müssen. Die ersten Gäste sind um sieben gekommen und ich habe sie bedient. Das Frühstück ist bis zehn Uhr gegangen, dann haben wir abgeräumt und alles für das Mittagessen vorbereitet. Die Frühschicht hat um zwei Uhr geendet und ich habe dann frei gehabt – ich bin im See schwimmen gegangen, habe mich gesonnt oder bin in die Stadt gefahren. Ab und zu habe ich auch am Empfang gearbeitet und habe das Telefon beantwortet oder Reservierungen aufgenommen. Die Arbeit hat Spaß gemacht, weil viele junge Leute im Sommer hier gearbeitet haben. Abends sind wir zusammen ausgegangen – wir haben getanzt oder haben eine Grillparty neben dem See gemacht. Ich habe auch sehr viel Deutsch gesprochen und habe viele Fortschritte gemacht.

Imperfect:
Ich arbeitete in den Sommerferien in einem Hotel in Süddeutschland in der Nähe von den Alpen. Ich arbeitete hauptsächlich im Restaurant – ich musste jeden Tag um sechs aufstehen, weil das Frühstück um sieben Uhr begann und wir mussten zuerst Kaffee kochen und die Tische decken. Die ersten Gäste kamen um sieben und ich bediente sie. Das Frühstück ging bis zehn Uhr, dann räumten wir ab und bereiteten alles für das Mittagessen vor. Die Frühschicht endete um zwei Uhr und ich hatte dann frei – ich ging im See schwimmen, sonnte mich oder fuhr in die Stadt. Ab und zu arbeitete ich auch am Empfang und beantwortete das Telefon oder nahm Reservierungen auf. Die Arbeit machte Spaß, weil viele junge Leute im Sommer hier arbeiteten. Abends gingen wir zusammen aus – wir tanzten oder machten eine Grillparty neben dem See. Ich sprach auch sehr viel Deutsch und machte viele Fortschritte.

7 Students write the sentences in the perfect tense.

Answers:

a *Ich habe viele Videos vom Internet herunter geladen.*

b *Er hat sich zwei Stunden lang an den Computer gesessen.*

c *Wir haben heute einen neuen Computer angeschafft.*

d *Ich habe sehr selten fern gesehen.*

e *Die Studenten haben einige Ideen ausgetauscht.*

8 Students write the sentences in the future tense.

Answers:

a *Nach den Prüfungen werde ich zuerst Urlaub machen.*

b *Ich werde mich im Herbst bei der Uni bewerben.*

c *Nach der Schule werde ich ein soziales Jahr machen.*

d *Im Sommer werde ich einen Job im Ausland suchen.*

e *Ich werde für die Studiengebühren sparen.*

f *Meine Eltern werden mir mit den Kosten helfen.*

9 Students complete the sentences for themselves using the conditional tense.

10 Students fill in the missing pronouns.

Answers:

1 *ihn* **2** *er* **3** *ihm* **4** *mich* **5** *er* **6** *er* **7** *er* **8** *ihn* **9** *dich* **10** *er* **11** *ihn* **12** *ihn* **13** *ihr* **14** *sie* **15** *mich* **16** *ihr* **17** *ihm* **18** *ich* **19** *dich* **20** *dich* **21** *du* **22** *er* **23** *sich*

Imperative

11 Students rewrite the health tips in the imperative using all three forms of the imperative.

Answers:

a *Iß / ißt / essen Sie täglich 5 Portionen Obst oder Gemüse!*

b *Treib / treibt / treiben Sie regelmäßig Sport!*

c *Hör / hört / hören Sie zu rauchen auf!*

d *Nimm / nehmt / nehmen Sie Fett nur in kleinen Mengen zu dich / euch / sich!*

e *Schalf / schalft / schlafen sie genug!*

f *Trink / trinkt / trinken Sie Wasser oder Saft staff Cola!*

g *Verpass / verpasst / verpassen Sie keineswegs das Frühstück!*

The passive

12 Students rewrite the sentences in the passive voice, keeping them in the appropriate tense.

Answers:
a *Wegen des steigenden Tourismus sind viele Hotels in der Nähe des Strandes gebaut worden.*
b *Viele Bäume wurden gefällt, um Platz für die Hotels zu verschaffen.*
c *Neue Flüge sind eingeführt worden, um die Touristen zu locken.*
d *Die Strände werden jetzt durch Abfall von Touristen verschmutzt.*
e *Die Fische werden auch von dem Abfall im Meer getötet.*
f *Die Regierung wurde vor einer Umweltkatastrophe gewarnt.*

The subjunctive

13 Students read the newspaper article and identify the verbs in the subjunctive.

Answers:
Nach Randalierungen in Köln sind gestern zwei Fußballfans ums Leben gekommen. Die Ursachen des Vorfalls sind noch unklar, aber der Polizeisprecher meinte, dass man Alkohol nicht ausschliessen <u>könne</u>. Einige Zeugen meinten, einige Hooligans <u>hätten</u> die Ausschreitungen im voraus <u>geplant</u>, Freunde der beiden Ermordeten behaupteten jedoch, dass es bei einem zufälligen Aufeinandertreffen von Fan-gruppen zu Ausschreitungen <u>gekommen sei</u>. Elf weitere Verletzte liegen noch im Krankenhaus. Die Polizei hat gestern zwei Männer festgenommen, und die Manager der beiden Mannschaften haben ihre Fans gebeten, Ruhe zu bewahren.

14 Students complete the sentences using the correct form of the verb in the subjunctive form.
a *seien*
b *geplant hätten*
c *seien*
d *hätten ... getrunken*
e *festgenommen hätten*

Impersonal expressions

15 Students rewrite the following sentences using the impersonal construction in brackets.

Answers:
a *Ich will studieren aber es kommt darauf an, ob ich gute Noten bekomme.*
b *Ein anderes Problem ist, dass mir Geld für die Gebühren fehlt.*
c *Es wird mir bestimmt gelingen, einen Teilzeitjob zu finden.*
d *Mein Bruder hat ein sehr akademisches Studium gemacht – das würde mir nicht gefallen.*
e *Es macht mir nichts aus, weit weg von zu Hause zu studieren.*

Skills

Materials
♦ Students' Book pages 144–145
♦ CD3, track 20

Dictionary skills

1a Students look up the words in a bilingual dictionary and note the main options for each one.

1b Students now decide which one to use in each of the sentences and then translate them into German.

1c Students choose the most common verbs, such as *gehen, machen, legen, fahren* and *nehmen* and decide which of the prefixes go with which verb.

Word families

2a Students see how many word families they can make for the words listed.

2b Students read through the passage and identify a word they don't know. They see if they can work it out based on other words they do know from the same family. They then make word families for a further three words from the text.

2c Students now look up the words listed in a monolingual dictionary and find one suitable alternative for each. They rewrite the sentence from the text containing these words using the new vocabulary.

3a Taking the topic *Die Familie,* students write down all the nouns, adjectives and verbs that they can think of. They should use colour-coding for different types of words.

3b Taking *Die Familie* as a topic again, students look at the key words listed and write down as many words as possible under each heading. They should keep their lists to add to.

Taking notes when listening

4 Students listen to an interview about life in Switzerland and make notes in English about the points listed.

Alles wiederholen!

p 145, activity 4

Interviewer:	Guten Tag, Frau Berger.
Frau Berger:	Guten Tag.
Interviewer:	Sie kommen aus Zürich, nicht wahr, und das liegt im deutschsprachigen Teil von der Schweiz.
Frau Berger:	Ja, das stimmt. Deutsch ist eigentlich die meistverbreitete Sprache in der Schweiz. Drei Viertel der Bevölkerung sprechen Deutsch.
Interviewer:	Hochdeutsch oder Schwyzertütsch?
Frau Berger:	Eigentlich beide. Hochdeutsch ist die Schriftsprache, also Zeitungen und Bücher erscheinen auf Hochdeutsch, aber die meisten Bürger stehen schon lieber auf Schwyzertütsch im täglichen Spachgebrach. Im Fernsehen hört man sowohl Schwyzertütsch als auch Hochdeutsch. Die Medien haben in letzter Zeit Schwyzertütsch gefördert und der Anteil an Sendungen auf Schwyzertütsch soll noch größer werden.
Interviewer:	Und welche anderen Sprachen gibt es in der Schweiz?
Frau Berger:	In der Westschweiz ist Französisch die Muttersprache, im Süden wird auch Italienisch gesprochen, allerdings nur von 4% der Schweizer. Die letzte Sprache ist Romansch, sie wird nur von 1% der Bevölkerung gesprochen und das in der Umgebung von Graubünden.
Interviewer:	Und können die Schweizer alle dieser Sprachen sprechen?
Frau Berger:	Keineswegs. Ich habe Französisch in der Schule gelernt, aber eigentlich ist Englisch meine erste Fremdsprache.
Interviewer:	Und ist das nicht seltsam, mit anderen Bürgern des Landes nicht unbedingt kommunizieren zu können?
Frau Berger:	Ja, viele Ausländer finden das merkwürdig, aber es ist halt so bei uns. Es gibt auch Zeitungen und Fernsehkanäle in den verschiedenen Sprachen.
Interviewer:	Wenn man an die Schweiz denkt, denkt man vor allem an Berge, Uhren, Schokolade. Ist dieses Bild realistisch?
Frau Berger:	Einigermaßen schon. Die Schweiz ist ein sehr bergiges Land und der Tourismus, der mit dieser Berglandschaft verbunden ist, ist natürlich sehr wichtig für uns. Die Schweiz ist auch nicht ohne Grund für die Qualität ihrer Konfiserie, sowie ihrer Uhren bekannt und viele wohlbekannte Firmen in diesen Industrien haben ihren Sitz hier. Aber das ist nur ein Teil des Bildes. Das Finanzwesen ist auch von großer Bedeutung.
Interviewer:	Ach ja, jeder Millonär muss sein schweizerisches Bankkonto haben oder? Wie kommt denn das?
Frau Berger:	Also, nicht nur Millonäre investieren hier, aber das kommt erstens weil die Schweiz ein sehr stabiles Land ist, was Politik und Finanz betrifft. Zweitens hat die Schweiz mehr Gesetze, die die Heimlichkeit von Finanzen garantieren.
Interviewer:	Man kann also Geld hier gut verstecken?
Frau Berger:	Ja, auf alle Fälle, und das führt manchmal zu Problemen. Es war vor kurzem ein großer Skandal, wegen der Konten von Juden, die während des Krieges gestorben sind.
Interviewer:	Was ist passiert?
Frau Berger:	Während des Kreiges haben viele Juden Konten in der Schweiz eröffnet, um ihr Geld vor den Nazis zu schützen. Viele sind dann tragischerweise ums Leben gekommen und das Geld ist einfach hier geblieben und die Banken haben sehr wenig gemacht, um die Kinder oder Enkelkinder dieser Leute zu finden und das Geld zurückzugeben.
Interviewer:	Und was ist dabei herausgekommen?
Frau Berger:	Die Banke haben schließlich, 1,25 Milliarden Dollar an die Enkeln zurückgezahlt.
Interviewer:	Spielt die Schweiz eine große Rolle auf der internationalen Szene?
Frau Berger:	Die Schweiz ist ein sehr selbständiges und auch ein neutrales Land und will diese Neutralität weiterhin bewahren. Deshalb ist sie nie der EU beigetreten, zum Beispiel. Die Schweiz hat dadurch eine lange Tradition der Diplomatie, deshalb haben internationale Organisationen wie die Vereinigten Nationen und das Olympische Kommitee ihr Hauptquartier hier.
Interviewer:	Frau Berger, danke für das Gespräch.

Speaking from notes
5 Students try to persuade their family and friends to be more environmentally friendly when travelling. They make list of arguments they could use and then present these orally.

Expressing feelings
6a Students choose one of the categories for each of the sentences.

Answers:
a *Recht*
b *Zwang*
c *Vorschlag*
d *Reue*
e *Wunsch*

6b Students write a list of other expressions that can be categorised under the feelings in 6a. They then use these expressions to write new sentences on the topic of tuition fees.

Answering a structured question
7 Students prepare a written response to the question. They should read through the bullet points listed before preparing their answer. Their vocabulary from activity 2c will help them.